魅力演讲

杨敏 —— 著

中国纺织出版社有限公司

内 容 提 要

本书是一本全面的演讲表达指南,旨在帮助读者提升演讲能力,实现魅力人生。书中内容结构清晰,实用性强,从内在思维到外在表达,系统介绍了如何成为魅力四射的演讲者的方法。无论你的职业定位如何,只要需要高价值表达,都能在本书中找到适合的应用场景和呈现价值的技巧。本书提供了丰富的理论知识和实际案例,让读者能够自信地表达自己,展现个人魅力。

图书在版编目(CIP)数据

魅力演讲 / 杨敏著. -- 北京:中国纺织出版社有限公司, 2025.3. -- ISBN 978-7-5229-2409-0

Ⅰ.H019-49

中国国家版本馆CIP数据核字第2025AZ5932号

责任编辑:顾文卓　责任校对:李泽巾　责任印制:储志伟

中国纺织出版社有限公司出版发行
地址:北京市朝阳区百子湾东里A407号楼　邮政编码:100124
销售电话:010—67004422　传真:010—87155801
http://www.c-textilep.com
中国纺织出版社天猫旗舰店
官方微博 http://weibo.com/2119887771
鸿博睿特(天津)印刷科技有限公司印刷　各地新华书店经销
2025年3月第1版第1次印刷
开本:710×1000　1/16　印张:12
字数:182千字　定价:59.80元

凡购本书,如有缺页、倒页、脱页,由本社图书营销中心调换

推荐序

亲爱的读者朋友们：

我是杜云生。在全亚洲，有上千万的读者读过我的爆款书《绝对成交》，其内容，在全网被广泛传播。这和我三十年的线下演讲经验有密不可分的联系。

三十年来，我在全亚洲巡回演讲，教别人如何成交。我训练出来的销冠、头部创始人、各行各业的创业者甚至亿万富翁，不计其数。

我白手起家，从零开始实现了财富自由。这一切，最重要的能力就是演讲能力。我在十几岁的时候，无意间看到了一本书，书上面写了一句话：公众演说是出人头地的捷径。我去参加了一系列演讲的培训课程。我深深地发现，我热爱站在台上演讲的那一瞬间。所以，我从大概二十岁的时候，便开始在各大企业开展培训。

我访遍全世界顶尖的演说家、各行各业的大师，学习他们的先进经验，并且和他们成为合作伙伴。如果善于演讲，你就可以吸引到客户，吸引到粉丝，吸引到人才，吸引到合作伙伴，吸引到投资者，吸引到招商的对象。所以说，只要你会站在台上充满魅力的表达，把你的想法、高价值销售给别人，你就能得到别人对你的认可和支持。几乎各行各业的顶尖人物，都具备卓越的演讲能力。

学会站在台上公开演讲，已经是现代人绝对不可或缺的一项技能了。然而，如何讲得生动活泼，有魅力，有影响力，有吸引力，有带动力，有变现力，这就是一门学问，更是一门艺术。

当我刚刚认识杨敏老师的时候，就发现了她有这样的能力，她的声音，她的表达力，她的魅力，她的影响力，深深地打动了我。

经过一段时间的接触，我和杨敏老师已成为密切的合作伙伴。我知道她要出一本书,叫《魅力演讲》,我强烈推荐所有想要学好演讲与表达、想要成为由内而外充满魅力和影响力的演讲者,一定要学,一定要看。因为杨敏老师以身作则,因为杨敏老师自身就是魅力演说的专家典范,她还培训出非常多有魅力的演说家,打造了非常多优秀的培训师。她能改变这么多人,也能改变你的演讲,能改变你的人生。

杜云生
畅销书《绝对成交》作者
乔吉拉德商学院董事长
线下演讲教学三十年

自序

在这个充满挑战与机遇的时代，我们每个人都是自己故事的主角，而演讲，则是让我们的故事得以传扬的翅膀。我们可以用自我表达的力量，通过语言的魅力，展现自己的价值，影响他人，成就非凡的人生。

每当看到学员从不自信、不会演讲，到站在舞台上侃侃而谈，我就非常欣慰，因为我看到了曾经的自己。我曾因为内向和自卑，不敢在大众面前说话，错失了许多展现自我的机会。然而，内心深处对表达的渴望，驱使我不断突破自我设限，一次偶然的机会，我参加了一个竞职演说，那是我第一次站在这么多人面前讲话，紧张得几乎要晕倒。但当我静下心来开始讲述我的故事时，我感受到了一种前所未有的力量。在那次竞职演说中，我居然获得了全场最高分，由此，我发现了一个全新的自我，一个渴望通过演讲与世界沟通的自我。

从那以后，我爱上了演讲，并且开始精进演讲技巧。我记得第一次被邀请到一家企业进行授课时，我花了数周的时间准备，甚至在镜子前练习面部表情和肢体语言。当我站在讲台上，看到听众专注的眼神时，我感到一种前所未有的成就感。那次演讲不仅为我赢得了掌声，更重要的是，它让我意识到，我有能力通过演讲影响他人。从一个不敢在大庭广众说话的小女孩，成长为一名在舞台上自信发声的演讲者，我用我的演讲影响着他人，这让我感到无比荣幸。

演讲给予人的力量是巨大的。记得有一次，我在一个创业者平台分享经验。分享结束后，许多人来找我交流，他们告诉我，我的分享给予了他们特别大的启发，他们真正被激励了。那一刻，我深刻地感受到了演讲给予的力量。我深知，每个人心中都有一股力量，等待着被激发，等待着被展现。演讲，正是这股力量的载体，是我们与外界沟通的桥梁。

"演讲成就了我，我用它成就更多人！"这是我写作本书的初衷——我希望能够帮助那些像我一样，渴望发声却不知如何开始、如何改变的人。

在这本书的写作过程中，我不断地回顾自己的成长历程，无论是参加演讲比赛，是去企业授课，还是开启个人品牌的打造，线上和线下结合，每一次的突破和成长都让我更加坚信：每个人都有无限可能。

书中的每一个章节，都凝聚了我多年的实战经验和深刻洞察。在书中，我将详细介绍演讲的基础，包括内在表达技巧以及外在表达细节，帮助您构建自己的演讲框架，积累素材，提升声音塑造和形象表达，让您的每一次演讲都能传递出高价值。同时，我还会结合实际案例，探讨演讲在不同场景下的应用，无论是职场新人还是创业者，都能让您在各种场合下展现自己的风采。

我始终相信，教育的力量在于传递。通过这本书，我希望能够将我的经验传递给更多的人，帮助更多的人找到属于自己的故事，提升自己的表达能力，最终实现个人的成长和成功。

我希望这本书能够激发您内在的潜力，让您在表达中找到自信和魅力，最终实现自我价值的提升和人生的飞跃。

在此，我要感谢所有过往合作的企业和机构，是你们的信任和支持让我有机会将演讲带入你们的团队。每一次授课都是宝贵的经历，给我以灵感。

我要感谢我的学员伙伴们。你们的热情和对成长的渴望是我不断前进的动力。在你们身上，我见证了你们的转变和突破。这些故事激励着我，感谢大家对我的信任，是你们让我的工作充满了意义和成就感。

我还要感谢在我的职业生涯中给予我帮助和启发的老师们和朋友们。你们的建议、鼓励和支持都是我成长的宝贵财富。因为有了你们，我才能不断学习、进步，成就今天的我。

我也要感谢我的家人，在我写作此书时予以我的支持——我的先生、我的父母、我的孩子，因为有了家人的支持，我才有更多的时间进行创作！因为有了家人的支持，我拥有了坚强后盾和追逐梦想的勇气！

杨敏

2024 年 8 月

扫码与作者近距离沟通

目录

CHAPTER 1
演讲成就了我，我用它成就更多的人 / 001

CHAPTER 2
魅力演讲是树立影响力的关键 / 007

魅力演讲的内涵：将优势变现 / 008

用开口表达呈现非凡的自己 / 010

高价值影响力：表达成交 / 011

高价值呈现：这些误区需避免 / 012

CHAPTER 3
魅力演讲的基础 / 015

了解演讲是做好演讲的第一步 / 016

魅力演讲的核心内涵 / 020

演讲稿准备：让你演讲胸有成竹 / 027

搭建内容结构是写好演讲稿的关键 / 030

打造吸睛标题：让你的演讲万众瞩目 / 040

框架记忆法：让你轻松不忘词 / 042

克服紧张的实用方法与技巧 / 043

高价值演讲的第一步：自我介绍这样做 / 048

CHAPTER 4
魅力演讲的内在表达技巧——让你的表达彰显价值 / 057

演讲定位：高价值演讲的核心要素 / 058

魅力演讲思维：激发源源不断的演讲灵感 / 065

魅力演讲的逻辑框架：构建体系化表达的关键 / 076

魅力演讲即兴表达模型：轻松应对即兴演讲 / 080

构建个人表达模型：灵活适应各类演讲场景 / 093

魅力的内容：让你的演讲滔滔不绝 / 095

内容亮点设计：用案例故事引起共鸣 / 099

CHAPTER 5
魅力演讲的外在表达技巧——让你的魅力光彩夺目 / 113

魅力声音塑造：打造圆润磁性的演讲声音 / 114

魅力形象：塑造惊艳全场的个人形象 / 124

目录

魅力呈现：让你的演讲绽放光彩 / 133

CHAPTER 6
魅力演讲的应用——助力职场与商界稳步提升 / 141

魅力演讲：职场成功的加速器 / 142

魅力演讲：打造领导力和企业影响力 / 151

CHAPTER 7
魅力演讲成就魅力人生 / 167

成就魅力人生的关键要素 / 168

用魅力演讲成就卓越事业 / 170

找到高价值的人生方向 / 176

结语 / 180

CHAPTER 1

演讲成就了我，我用它成就更多的人

我是杨敏，是一名魅力演讲教练，也是CEO演讲成交教练和魅力讲师培育教练。主要帮助企业和创始人及职场人，由内而外地提升表达能力，通过销售演讲提升业绩，实现高价值人生。

今天，想跟你分享，我通过魅力演讲一路成长、活出自我的经历。

其实演讲者并非天赋异禀，只是掌握了有效的方法；而表达的意义，也绝不仅限于舞台上的展示。

无论是职场人还是企业创始人、专家教授……学会表达自我，由内而外呈现高价值，都会无限地放大自身影响力，甚至改变我们的一生。

起点

我从小就是一个非常内向的人，上幼儿园的时候，我清晰地记得有一天睡午觉醒来想上厕所，但还没有到起床的时间，当时只要说一声"老师，我想上厕所"，老师都会同意的，但是我不敢和老师说，最后结果就是：我实在憋不住，尿了裤子。我就是内向到这种程度。

后来因为内向，上学时我基本是独来独往。在我读初三的时候，父母下岗了，当时我妹妹还在读小学。正值中考，我通过优异的成绩考上了当地的重点高中，因为家庭的经济压力，我听从了父母的建议，去师范学校学习，这使得我的性格变得更加内向。但是我始终不甘心，我要改变，为实现梦想，我开始努力学习，每天早上5:00起床在宿舍外的走廊上背单词，功夫不负苦心人，我如愿来到大学继续深造。

在大学期间，学生会竞选干部，当时我很想报名，但是内心的自卑感让我犹豫，认为报名一定会被刷掉，肯定会被笑话的，还是算了吧。当时在一位同学的鼓励下，我硬着头皮抱着试试看的心态报了名。参加笔试，出乎意料的，我的笔试获得了前三名，并且获得了参加单晋职演说的资格。

于是我的内心又开始争扎了。在准备过程中经历了无数的自我怀疑和焦虑，一度想放弃竞选。但是当时我的脑海中浮出一个信念，既然上天给我这个机会，那么我如果放弃就再也不会有这个机会了，于是我更加努力地准备。

终于到了晋职演说的那天。在台上，我让自己的心安静下来，侃侃而谈准

CHAPTER 1　演讲成就了我，我用它成就更多的人

备好的内容。最后，我居然获得了全场最高分，竞选上这个职位，成为学生会的一员。那时，我深刻意识到，演讲的力量是巨大的，它不仅仅是一种表达方式，更是一种自我发现和自我表达的工具。它能够帮助我们克服内心的恐惧，实现自我价值。

至此，我的信心大增，从此我热爱上了舞台，只要有舞台，我就会去展示。

闪耀

毕业后，因为热爱演讲，又喜欢挑战自己，我开始主动参加各种演讲和辩论活动，每一次的尝试都让我更加坚定和自信。我发现，当我能够清晰地表达自己的想法和感受时，我不仅赢得了他人的尊重，也赢得了他人对我价值的认可。

我参加了很多演讲比赛，获得了很多的奖项，从地方走到全国，包括全国的主持大赛、演讲大赛。为了更加精进自己，我进修了工商管理硕士。我的声音开始被听见，我的观点开始受到重视。

一路走来，我觉得只有不断地精进自己，并且通过演讲展现自己的优势，才能不断地成长。我成为一名培训师，也是因为演讲成就了我。很多年前，一家上市公司在招聘培训师，当时，我因为出色的演讲能力而被录取。通过努力，我成为这家上市公司最年轻的管理培训师、国家卫生健康委特聘讲师以及培训项目的负责人。

现在，我成为多家上市公司特聘导师，帮助创业者由内而外提升演讲表达技巧，这一切都是因为一项能力——表达能力。

记得第一次给企业做培训的时候，我非常努力地备课，对着镜子不断练习表情、动作，每天都在训练课程呈现能力，最后这次培训非常成功，我的潜力被激发出来。于是我开始不断精进，先后获得了国家注册企业培训师、C&G国际注册培训师、国家人力资源管理师，获得首批国家学习项目设计师等培训专业证书。

2015年，当时有一个被誉为讲师的奥斯卡的比赛——"我是好讲师"大赛（第三届）很受欢迎，于是我决定参赛。虽然过去有很多上台的经历，但这次是

培训行业的比赛，大家都是培训行业的精英。看到有那么多优秀的培训讲师参赛，我意识到竞争的激烈。我丝毫不敢懈怠，抽出大量时间认真准备。很幸运，我通过了初赛、复赛，进入全国总决赛，最终从23个赛区3万名培训师中脱颖而出，荣获了全国最高奖项。

这次的比赛让我信心倍增，我觉得培训将是我一生的事业，我要影响更多人成长。我在培训的路上不断精进，先后开发了自主版权课程"华丽转声——魅力声音塑造""金师精课——培训师培养""魅力表达黄金圈课程体系"。

我受邀担任各类演讲比赛及讲师大赛的评委和辅导老师，2016年开始，我作为讲师大赛的评委导师，孵化培养了很多讲师，并且不断向上突破，在第五届全国培联培训师推优大赛更是作为总决赛的评委导师赋能培训师。

我在线下赋能企业，客户有金融行业、医院及世界500强上市公司等，至此已经累计服务了300多家企业。

学员们说："杨老师，听您的课受益匪浅。""杨老师，这是我听过最落地的课。""杨老师，我原本是不自信的人，听了您的课程，我觉得我也能站在舞台上侃侃而谈了。"

为了帮助更多的人，寻求新的突破，努力学习新的知识和技能，不断提升自己的专业素养和营销技能，打造更强大的个人品牌，我的演讲开启了线上和线下相结合的全新模式。我遇到了很多像我一样曾经内向、缺乏自信，不敢表达自己的价值的人。他们让我回想起了曾经的自己。我决心帮助他们，就像当初我渴望得到帮助一样。

是什么成就了我，我就用它成就更多的人。

塑造

随着时间的推移，我的努力逐渐取得了成效。在线上，我开启了魅力表达私教陪跑计划，吸引了很多位优秀的伙伴加入。

某医学领域教授，经过我1个月的辅导，从原来授课表达反响平平，到现在得到了同事、领导们的认可，从地方突破重围，站在了全国舞台上，实现了个人品牌的跃迁。

某企业创始人经过辅导,提升了销售演讲技巧,不仅客单价提升了几倍,在销售演讲中也吸引了很多的目标客户,找到了自信,提升了销售业绩……

我开始赢得更多的关注和认可,逐渐受到了更多人的欢迎,学员们都自发地为我做推荐和转介绍。

魅力表达塑造了我,让我从一个内向自卑、不敢表达的人变成了一个在舞台上绽放光芒的人,通过魅力表达,我收获了一个又一个奖项,影响力逐步扩大,也让我有能力去影响和带领别人。

常听一些伙伴说,自己从小到大都不太会说话,特别是面对很多人的时候,会特别紧张、说不出话,在学校和工作岗位上都受限,苦于嘴笨说不出。

其实你不是嘴笨,只是没有找到好的练习方法。

我的经历充分证明,口才不是天生的,普通的、内向的人都可以站在舞台上闪闪发光。只要掌握正确的方法,勇敢地坚持练习,所有人都可以开口成金。

CHAPTER 2

魅力演讲是树立影响力的关键

魅力演讲的内涵：将优势变现

演讲的真正内涵在于将高价值的优势变现。这意味着，一个成功的演讲不仅仅是在表面上引人注目和激发情感，更重要的是能够有效地传递价值、触动听众并转化为实际行动和成果。

一个高质量的演讲应该能够清晰地传达核心的价值信息。这些价值信息可能是企业的使命和愿景，产品的独特卖点，个人的专业知识和见解等。通过深入挖掘和精准阐述这些价值信息，演讲者可以帮助听众理解并认可公司或个人所代表的独特优势，从而建立信任和增强吸引力。一个成功的演讲应该能够实现高价值优势的变现。通过演讲展示的高质量内容和独特优势，演讲者可以吸引潜在客户、合作伙伴或投资者的注意，促成合作关系的建立，因此，一个成功的演讲是将高价值优势变现的过程，通过深入挖掘和传达核心价值信息，引发情感共鸣并实现实际行动和达成结果。演讲者既要注重演讲内容的质量和深度，也要关注情感表达和影响力的塑造，最终将演讲的力量转化为实际业务价值和成就。只有这样，演讲才能成为一种有意义的表达方式，带来持久而深远的影响，实现个人和企业的长远发展。

你有这些演讲困惑吗

我们在演讲过程中，可能会有一些困惑，我们不妨给自己做一个诊断。以下十条，你中了几条呢？

- 有自己的专业优势，却无法成体系地表达变现。
- 表达缺乏逻辑性，无法精准地表达观点，导致沟通障碍。
- 人多的时候，没有自信，不敢上台分享，丢失了很多机会。

CHAPTER 2　魅力演讲是树立影响力的关键

- 直播没有很好的镜头表现力，长时间说话很累。
- 不会表达自我价值，很难被看见，想要变得更好，但苦于没方法。
- 想要说话有分量，提升领导力，却不知道如何通过表达来助力。
- 对于产品介绍、路演分享，不知道如何才能更好地呈现价值，即无法实现收钱、收人、收心。
- 表达时声音比较尖、气短、有口音。声音提不起来，不亮、不自信。
- 在汇报、面试等重要场合，不知道怎样更好地表达自己。
- 即兴场合不知道如何有效组织语言。

表达不是简简单单说我今天写一篇稿子背出来，就能做好演讲。它和方方面面息息相关，是由内而外的价值传递。

通过表达的价值传递，我们可以更准确地传达自己的意思，从而更好地与他人沟通。提高演讲水平，可以增强自信心，从而更好地展示自己的观点和想法。可以有效组织自己的思维，将零碎的概念和想法转化为系统的语言，从而更好地分享和传递我们的经验，进而影响他人，从而改变生活和提升影响力。

表达力就像一个移动硬盘，插在任何电脑上都可以发挥价值。如果只学一项技能，就可以带给自己一系列的改变，这项技能就是表达力。表达力是我们和这个世界及其他人连接的最直接、最关键的载体。学会表达，往往是别人记住我们最快捷的途径，也是树立影响力的重要途径！

学会用表达呈现高价值的自己

每一个人都是一座宝藏，有自己的专业知识，以及多年的宝贵经验。每人都有差异化的优势，值得被更多的人看见。说出自己的价值，让对方了解你，别人才愿意认识你、靠近你！

表达，并不是学一些技巧，或者把一些稿子背出来这么简单。表达，既然是高价值地呈现，我们就要了解：

我们的核心优势是什么？我们的独特价值是什么？我们的差异化是什

么？如何展现我们的高价值？如何绽放自己提升影响力？

如何根据表达场合，结合相应的思维、方法和策略、框架，在不同的场景中呈现高价值的自己？

如何结合声音、形象及演讲技巧，让我们的演讲高价值地呈现？

用表达呈现高价值优势，影响力就自然而然提升了。当我们进行项目路演时，通过表达高价值呈现自己，可以收获投资者的青睐；当我们授课时，把优势呈现出来，可以获得更多的认可和好评；当我们直播时，通过呈现价值，可以提升销售业绩；商务演讲、述职汇报、竞聘岗位、知识变现，都是通过演讲呈现高价值。

用开口表达呈现非凡的自己

无论是个人还是企业，都面临着或多或少的竞争压力。在这样的背景下，有效地传播自己的品牌变得尤为重要。"用开口表达呈现非凡的自己"，即主动展示和推广自身的优势与特点，成为品牌建设与维护中不可或缺的一环。

从个人品牌的角度看，"用开口表达呈现非凡的自己"是构建职业形象和扩大影响力的关键手段。在职场竞争激烈的今天，仅有能力和专业技能已经不足以脱颖而出。个人需要通过有效沟通和自我推销，让潜在雇主或合作伙伴了解自己独特的价值和潜力。这不仅包括通过社交媒体和专业网络平台进行自我展示，也涉及人际交流中如何高效表达自己的能力和成就。有效的自我推销可以带来更多的职业机会和合作邀约，从而推动职业发展和个人品牌建立。

对企业品牌而言，"用开口表达呈现非凡的自己"同样至关重要。在消费者决策过程中，品牌形象起着极其重要的作用。企业需要通过有效的营销策略传达品牌价值和产品优势，以便在众多竞争者中脱颖而出。这不仅限于传统的广告宣传，还包括利用数字营销、社交媒体、内容营销等多种渠道进行全方位、

CHAPTER 2　魅力演讲是树立影响力的关键

多角度的品牌展示。而魅力演讲是一个有效的载体，能够积极主动地通过语言展示价值优势、提升品牌的市场认知度和消费者的忠诚度。

"用开口表达呈现非凡的自己"并非简单的自吹自擂，而是建立在诚信和质量基础上的战略行为。在个人品牌和企业品牌传播中，这是一种必要且有效的策略。它不仅能帮助个人在职场上实现自我价值的最大化，而且能帮助企业在激烈的市场竞争中稳固和扩大市场份额。

高价值影响力：表达成交

我们为什么要树立高价值影响力？因为它就是一种变现力。当你的影响力提升时，你的变现力会差吗？这种变现力的高维结果就是表达成交！表达成交其实并不完全是我将东西卖给你。所谓的表达成交，就是我们通过表达获得听众的认可，最终达成一致。

你在台上进行演讲，和听众在思想上达成一致，是不是把价值传递给了他们？他们是不是被我们深深吸引？这是不是一种高维度的成交？这种成交是不是会带来很多的机会？你去竞聘岗位，说出了自己的价值，成功应聘到了这个岗位，这是不是也达成了成交？

所以，所谓的成交，往高处讲，就是达成一致！它能够让你的价值被对方肯定、看见、认可。

再如，你去卖产品或者服务，是不是也是成交？成交是因为达成一致，他信任你，认可你的价值，愿意靠近你，愿意给你机会，愿意给你付费，是不是成交？

我们拆开来看成交是什么？

成：成长自己！成就他人！什么是成长自己？就是让自己不断地变得更好，才能够影响更多的人！成就他人。当你变得更好时，自然而然会有很多优秀的人向你靠近。用你的专业、高价值、成就他人，让他也变得更好。互相赋

能，彼此成就！

交：交到贵人，交到同频的人。在传递价值的过程中，慢慢被他人认可，是不是可以吸引到对的人？是不是可以吸引认可我们的人向我们靠近，我们是不是交到了同频的人？对方可能是我们的客户，可能是我们的贵人，也可能是我们一生的朋友。

在成就别人的同时，和对方也可能成为我们事业的伙伴。当我们在成就别人的同时，也是在交到同频的人，交到贵人。

所以，从字面上理解，可能觉得成交只是在销售，在卖产品，事实上，所谓的成交，它是让我们和听众真正达成一致，让我们的高价值被对方肯定，成长自己，成就他人，而且交到同频的人和贵人。

而演讲是提升影响力，实现价值成交的重要手段。

我就是通过演讲，不断去表达成交。我能够成为培训师，也是因为我在一次大型年会上的演讲。当时我的演讲被在场的人深深记住，于是有一位上市公司的高管向我投来了橄榄枝。说他们的上市公司在招聘培训师，问我是否愿意试试，于是我通过面试演讲成为当时该上市公司最年轻的管理培训师，这也为我以后的职业发展奠定了基础。这就是演讲的高价值成交。现在我在公开场合进行演讲分享的时候，很多人都会想加我的微信，问我怎么样能够向我学习。所以好的演讲是自带成交属性的，学会了高价值表达，会让你实现不销而销！

高价值呈现：这些误区需避免

第一个坑：表达力只是某些人需要，我不需要高价值呈现自己。

我不用吃开口饭，只要做好本职工作就可以，我不需要高价值呈现自己——这其实是一个非常大的坑。

表达力，不是某些人需要，而是人人都需要。只要你需要生活，表达就和你有关！

CHAPTER 2　魅力演讲是树立影响力的关键

如果你是创业者，你不仅仅是企业品牌的代言人，也是企业产品的代言人。现在都说做创始人 IP，创始人也是自己的产品代言人，要和客户沟通，让客户知道这个产品的价值。如果会表达，就可以呈现高价值的自己，就可以向别人分享自己产品的优势，通过表达让客户了解自己的产品的价值，让品牌价值得以传播。

表达力提升了，就能够影响自己的团队成员。可以影响自己的销售人员更加愿意呈现自己，更加愿意去分享公司的产品。

职场人呢？如果有良好的表达能力，就能够在职场不断地晋升，而且可以面对各种挑战。在竞聘中，在述职中，在汇报中，都能够呈现高价值的自己。所以，只要在生活，就需要表达力。这个世界上没有稳定的职业，只有稳定的能力，当能力真正长在自己身上时，就是前进的底气，表达力就是这内在的底气！

有些伙伴说，我只想把家庭经营好，这也需要演讲。为什么？作为家长，如果有良好的表达力，就能够成为孩子的榜样。孩子会认为：妈妈／爸爸那么厉害，我也要像她／他一样厉害。

所以千万不要觉得表达力只是某些人需要，而是人人都需要的高价值呈现。

第二个坑：只要我努力工作，我不需要表达，我的优势价值就会被发现。

大家是否有这样的观念：我有我的优势，我的优势就是通过我努力工作获得的。只要我努力工作，我的优势就会被大家看见，就会被老板看见。真的是这样吗？当你努力工作的时候，如果不会表达，是不是有时候你的功劳会被别人抢走？

当机遇来临的时候，是眷顾会表达的人还是不会表达的人呢？并不是只要努力工作，优势就会被发现，因为谦逊不等于低调。很多企业家都非常谦逊，但是他们一直在做广告，让大家知道他们的产品。很多企业家都出来做创始人 IP，通过新媒体、互联网、电视节目等分享自己和公司的产品。如果他不表达出来，大家又如何更清晰地了解他的产品，从而买他的产品呢？

不断发声，说出自我的价值，才有更多的机会。一定要高价值呈现自己的优势和价值，别人才能够真正看到和了解。说出自己的优势，百倍提升影响力，当说出优势的时候，机会就来了。不开口，没有人认识你、了解你。

第三个坑：我天生内向自卑，不敢表达，无法做好演讲。

内向不是学不好演讲的原因。我本身就是一个非常内向的人，从小不敢说话。我记得小时候，老师提问题，每次我都是缩在后面，根本就不敢举手，而且在学校因为太内向，我都是被孤立的那个人。但是我也学好了演讲，而且从竞选学生会干部到站在全国讲师比赛的舞台上，不断突破，并且现在也从事演讲培训，帮助更多的人成长。可见即使内向自卑，也可以学好演讲。

如果你天生不爱说话，又内向，那么，自信一些，当你可以更好呈现自己的时候，你就能慢慢扩大影响力。并且通过不断地精进和提升，最终可以实现高价值优势的变现。

第四个坑：我肚子里没货，不会表达，要足够专业才可以。

经常有伙伴说：老师，我肚子里没货，不够专业、不够好，没有内容，不敢表达。也有些伙伴说：我一定要特别专业，我才能去演讲。其实这是一个非常大的误区。

我们在一路成长过程中，遇到了困难、挫折之后，都克服了，我们有自己的经验，有自己擅长的方面，有自己爱好的东西。我们都可以去表达出来。不要觉得自己没有内容，其实缺少的是勇气和把内容表达出来的方法，而不是内容本身。如果觉得肚子里没有内容，那么可以通过一套系统的方法去提升演讲水平。

我们经常说：如果我足够幸运该有多好！幸运到底是什么？其实，所谓幸运，就是当自己准备好的时候，机会正好来了。所谓的准备，就是当自己真正拥有一项能力的时候，机会正好来了。抓住这个机会，平步青云！如果没有准备好，一直无法改变，一直不想迈出那一步，那么即使机会来了也抓不住。所以做好准备吧！让演讲成为那份准备的底气，当做好准备的时候，才能迎接机遇的到来！

行动计划：
- 梳理自己在表达方面困惑。
- 思考哪些坑是以前踩过的，或是可能会踩到的，将来应该怎么避免？

CHAPTER 3

魅力演讲的基础

了解演讲是做好演讲的第一步

演讲的基础：有声语言和肢体语言的结合

要做好演讲，首先要了解什么是演讲。演讲是"演"和"讲"的结合！也就是有声语言和肢体语言相结合。用有感染力的语言把心里的信息、思想表达出来。

演讲作为一门艺术，它带给人的是听觉的美感、心灵的震撼以及感同身受的情感体验。那为什么演讲会那么震撼人心呢？

演讲是"演"和"讲"的结合。"演"是"三点水"加一个"寅"。"寅"是什么？老虎。也就是要像猛虎一样，要做到"攻心"。什么是"攻心"？就是把对方的心给攻下来，你的语言要有表现力，一定要真正做到深入人心，"讲"是"言字旁"加一个"井"。讲要用语言去讲。井呢，要有深度。所以"演""讲"合在一起，就是能够用有声语言和肢体语言相结合，向听众传递信息思想和情感，而这一过程它是双向的。所以演讲要做到真正把对方的心攻下来。讲的时候要有深度，能够让对方感受到我们讲的东西是有逻辑性的。

总的来说，演讲是指在特定的时空环境中，以有声语言和相应的肢体语言为表达手段，向听众传递信息、思想和情感，以期达到感召听众并促使其行动的一种现实的交流活动。

肢体语言也称体态语言，是指演讲者的容貌、衣着、发型、举止、神态、动作、手势、表情、眼神等。肢体语言体现了"演"。

有声语言是演讲活动最主要的表达手段，由语言和声音构成。要求吐字清晰准确、逻辑严密、声音清亮圆润甜美、节奏富于变化。有声语言体现了"讲"。

"演"与"讲"，两者缺一不可、相辅相成。"演"与"讲"的和谐必须是以"讲"为主，以"演"为辅，"演"应建立在"讲"的基础上。如果只"讲"不"演"会使演讲枯燥无味，从而削弱演讲的效果；若过分地"演"则会显得哗众取宠，冲淡了演讲的实用性、严肃性，起不到演讲应有的作用。把握好"演"与"讲"之间的关系，牢牢抓住听众的视觉和听觉感官体验，才能成为一名演讲高手。

魅力演讲的特征

要做好演讲，要先了解好的演讲有什么特征。

第一个特征是"面对群体"。什么是群体呢？就是听众两人以上。听众的"众"由三个"人"组成，当你演讲的时候，你通过语言传递信息、思想和情感，与听众进行互动，形成一种沟通，而且这种沟通是双向的。

所以面对群体是双向地交流，不是单向地输出。不要认为在舞台上把内容讲出来就是演讲！那怎么构成双向呢？是心流的互动，例如，眼神、表情的互动，提问的互动，情感的互动……无论在哪个场合都不是单一地讲，你的演讲一定是心流的状态，和听众是交流的状态！

第二个特征是有"目标感"。演讲的形式有很多，可以运用到很多的场合，述职报告、年会、讲课、产品宣讲、职场竞聘，招商等都需要运用演讲。演讲不是为了演讲而演讲，一定是有目标的，所以要明确我们为什么要演讲。

第三个特征是有"吸引力"。什么样的演讲有吸引力呢？有的伙伴说能够让人觉得有趣、让人觉得回味无穷的……其实有吸引力的演讲，一定是能够让听众真正融入演讲的氛围中，并且被演讲者所感染，让听众有良好的共鸣，而这种共鸣是发自内心的，让听众愿意融入这个演讲氛围当中，这样才具有真正深入人心的吸引力。

影响演讲的三个要素

演讲活动受以下三个要素影响。

（1）主体即演讲者。演讲者是演讲内容和形式的发生者和体现者，是演讲活动的中心，对于演讲起主导作用。所以演讲者演讲内容、演讲声音、体态语言的呈现都是演讲是否成功的主要原因。

（2）客体即听众。听众是演讲的接受者、演讲对象和演讲效果的体现者，所以作为演讲者要了解你的听众，才能有的放矢地演讲，听众也是演讲成功的重要因素。

（3）环境即时间、空间、地点。环境要素是演讲活动得以进行的客观条件，对演讲活动是否能够顺利进行，甚至对演讲的成败具有影响作用。环境有时是带有限制的，比方说这次我们的演讲时间是半小时，那我们就要准备半小时的内容。再比如多功能厅的音响设备等，也会影响演讲的效果。

这三个要素在演讲者演讲的过程中相互配合，构成了演讲活动整体。

建立高价值的第一印象

要想建立良好的表达印象，第一眼就要给听众一种高价值的能量状态。演讲有一个重要法则就是麦拉宾法则，它在建立良好第一印象中有着深远的意义。

这个法则是心理学教授艾伯特·麦拉宾在 20 世纪 70 年代得出的结论：人们对一个人的印象，只有 7% 来自你说的内容，有 38% 来自你说话的语调，而 55% 来自外型与肢体语言。所以麦拉宾法则也叫作 55—38—7 法则。

在人们进行语言交流的时候：55% 的信息是通过视觉传达的，如手势、表情、外表、装扮、肢体语言、仪态等；38% 的信息是通过听觉传达的，如说话的语调、声音的抑扬顿挫等；剩下只有 7% 来自纯粹的语言表达。

在演讲过程中，如何建立良好的第一印象，并且能够让听众感受到内在的情感和思想呢？

需要有体态和声音的传递，并且一定要将自己的思想情感融入语言当中，而不是只是信息传递。不是说我发个消息给对方就是一种有效传递了。消息虽然有时能够传达给对方一定的信息，但是如果融入思想和情感，你的表达效果是完全不一样的，我们所呈现的语言有信息语言和非语言。

如果台上有一个木头人，它面无表情，然后它身上装上了喇叭，给你演讲，你是什么感觉？如果是一个真实的人呢？他在台上用眼神温柔地看着你，对你笑脸相迎。微笑着说："欢迎聆听我的演讲。"你是什么感觉？

所以非语言在演讲当中起到非常大的作用，那非语言有哪些呢？

CHAPTER 3　魅力演讲的基础

　　表情要温和，气色神态要淡定从容，动作姿态要得体，眼神呢？大家知道眼睛是心灵的窗户，今天心情不好，眼神中流露出来的是忧郁的神情，那如果今天心情很好呢，眼神中流露出来熠熠生辉的神情。所以眼神可以传递内心的情感。要多用眼神，眼神的互动能够启发听众的内在情感。

　　同样微笑也是非常有用的表情语言，通过笑容，听众能够感受到情感，微笑是一个非常好的工具，卡耐基在《人性的弱点》中强调了微笑的重要性：它不需要花费什么，但却创造了许多成果。它丰富了那些接受的人，而又不使给予的人变得贫瘠。它产生在一刹那间，却给人留下永久的记忆。

　　微笑的作用在演讲中不容忽视！当演讲时，微笑可以打破和听众之间的隔阂，促进和听众的交流与建立联系。当演讲时，微笑可以传递出喜悦、幸福等积极情绪，让听众感受到温暖。当演讲时，微笑可以改善演讲者的紧张情绪状态，让演讲者更自信从容！保持微笑，呈现魅力演讲！

　　非语言当中的声音状态也是影响第一印象的因素。比如，节奏语气、音色音量音调，不同的声音状态给人的感觉也是不同的。

　　比如，有这样的两句话，分别站在下属和上级两个角度："老板，那边发生了一件事情""你工作完成了没有"。如果用不一样的声音语气，你得到的感受是完全不一样的，大家可以试试！

　　如果跟上级说话：老板，那边发生了一件事。

　　高兴的：这件事情肯定是一件非常好的事情，让人非常的兴奋。

　　沮丧的：这件事情肯定是不好的事情，一听就觉得，这件事情肯定是不太好的。

　　平和的：就是第三人称转述，也没什么感觉。

　　亲切的：贴身小棉袄的感觉，这个下属特别好。

　　如果跟下属说话：你工作完成了没有？

　　高兴的：你完成了我会给你奖励了！

　　愤怒的：你这工作居然还没有完成，你再不完成我就扣你绩效了。

　　亲切的：特别体贴下属。

　　作为演讲者，如果用不一样的语气来表示，其实听者的感受是不同的，要根据不同的场合用不同的语气语调来表达。大家可以用不同的声音语气说一下，让听的人感受一下，是不是这样的感觉。

所以在演讲的时候要全情投入，拥有良好的状态，建立良好的第一印象。

魅力演讲的核心内涵

魅力演讲的前提：与听众建立信任

演讲要充分走进听众的内心，建立良好的信任是前提。

有这样的一个故事：

一把坚硬的锁，它说："谁能把我打开呢？"一棵大树走到它的面前说："我来试一试吧，我有坚强的臂膀，我一定能够把你打开！"结果它使出了浑身解数，也没有把它打开。一把小小的钥匙，它说："我来试一试！"大家都笑它，锁也笑道："你这么小怎么能把我打开呢？"

只见它轻轻地走到锁的内心，轻轻地一动，打开了。锁感到非常奇怪："你这么小怎么能把我打开呢？""因为我最了解你的心！"因为了解对方的心，从而有一个良好的信任感，一切问题便迎刃而解。所以平时在演讲中要建立良好的信任，也需要充分了解对方的内心。因为信任是由心而来的交流，要让表达更好，需要建立良好的信任关系。

（1）有温度的表达建立信任。

我很喜欢温度这个词。在物理学中，温度是一个重要的概念。而在表达中，温度展现了人与人之间的交流和情感。

表达有温度，意味着言行举止中充满了关怀、友善和真诚。是一种情感的交流，是心流的状态，这种表达可以让人感到舒适和放松，促进彼此之间的沟通和理解。

演讲的技巧固然重要，然而真正打动听众的是演讲者内心真挚的情感。

情感是演讲的灵魂，它能够让演讲更有力量、更生动。当演讲者能够真实地表达自己的情感时，他的声音、肢体语言和面部表情都会更加生动和有说服力。观众能够感受到演讲者的内心，从而更加投入和产生共鸣。

而如果演讲者只是机械地运用技巧，没有真实的情感，那么演讲就会显得呆板和无趣。此外，情感也是与听众连接的桥梁。当演讲者能够真诚地表达自己的情感时，听众也会感受到演讲者的真诚和共鸣，他们更容易与演讲者建立起情感上的联系，从而更加愿意接受和理解演讲者的观点和思想。

因此，作为演讲者，让情感更好地融入演讲中才能真正打动听众，让演讲产生深远的影响。

最好的情感表达状态，一定是心流的状态。那什么是心流状态呢？就是真挚地传递内心的感受，比如我们讲述自己故事的时候，不是在背稿子，而是和大家分享和交流，当我们讲到开心的时刻，脸上自然而然地露出笑容，当我们讲到伤心的时刻，脸上自然而然地出现悲伤的表情，因为那是我们亲身经历的事情，有情绪的体验，这就是一种心流的状态！好的演讲，是由内而外的心流表达！

（2）以事实为依据建立信任。

演讲的内容必须是事实和真实的情感，对方一旦发现我们所讲的不是事实或者为了迎合对方说些阳奉阴违的话，那么信任就会顿然消失。在谈论自己的想法时，必须交流自己的真实想法，决不能不添油加醋，甚至搬弄是非。

注意谈论积极正面的事实，避开消极负面的内容；消极负面的内容总会让人下意识地建起一道"防御墙"，从而使人无法对你真正地敞开心扉。如果必须要表达一些负面的事实时，要注意以第三方的口吻讲述，并且注意"对事不对人"。

如果注意到了以上这些，信任就很可能在双方表达中建立起来了。

（3）SOFTEN 原则建立信任。

当建立信任时，我们可以运用到 SOFTEN 的原则，那什么是 SOFTEN 呢？Soft 就是柔软加一个"en"，也就是被柔软，就是听众被我们的表达柔软化了，柔软了敌意、柔软了坚硬、柔软了不信任。那么我们拆开来解释：S 是 smile（微笑），首先表情要微笑，能够让对方感受到我们对他的亲和力。O 是 open（敞开的胸怀），跟对方是一种互相接纳包容的状态，而不是一种敌对的状态。F 是

forward（身体前倾），让对方感受到我们对他的一种尊重，拉近彼此的距离。T 是 touch（握手等的肢体接触），这些肢体接触也是非常重要的。还有 E 是 eye communication（眼神的交流），多和对方互动、多给对方鼓励。N 是 nod（点头），点头微笑、肯定、支持对方。SOFTEN 的原则能够让我们和对方之间增强情感互动，从而提升信任度。

魅力演讲是沟通的升华

演讲不是单向的，而是双向的，它是一对多的沟通，我们通过发送、接收和反馈，并且根据听、说、问的方式来进行信息思想和情感的传递、沟通，有传递者和接受者。那么，如何才能够让我们的演讲表达更加有效呢？

我们先看一看以下的这段演讲，是奥巴马在 2012 年的时候的竞选演讲。

> 四年前我有幸周游了全国，遇到了各行各业的人们。我下定决心不让任何人由于医疗保健系统的不健全而心碎；不让这个世界上最富有的国家的任何人因为疾病而穷困潦倒……感谢你们！我们给人们的生活带来了不同！感谢你们，今天我遇到的很多人得到了关怀，他们在癌症被发现后得到了治疗，能够继续完整地生活，这些都离不开你们。我们经历过那么多，现在不该回头。要落实医疗改革，我们还有太多要做，要创造就业机会，我们还有太多要做，有太多老师要我们去征集，有太多学校要我们去重建，有太多学生需要支持，让他们读得起大学……有更多的机会之门需要我们去打开。让那些愿意努力工作的人们有机会成功，我们要继续发展经济，做到无论你是何种肤色、来自何方，只要你努力就可以成功，就可以为下一代创造更好的条件……

通过这个演讲，你是否感受到了他和听众之间的良好沟通？你是否感觉到这个演讲是走到听众的内心深处的？这就是一对多的沟通，达到心与心的交流。在演讲当中，他运用了很多互动的语言，包括谢谢你们，我们要……用这种互动语言拉近与听众之间的距离，而且他说的话又都是非常接近民生的，比方说医疗、教育等，关于民生方面的问题，对于普通大众来说是非常具有吸引力的。我们要让语言具有表现力,就需要在表达上贴近大众,走到听众的内心深处,达到互相的交流。

既然演讲是沟通的升华,那么首先了解一下沟通。沟通是为了一个设定的目标,把信息、思想和情感在个人及群体间双向传递,并达成一致的过程。有效沟通不是漫无目的地"闲聊",而是交换有明确方向的内容。所以,作为有效沟通,要说出需要达到的目的,这是沟通的一个非常重要的开端。信息是最容易沟通的,比如,几点开会、什么时候结束、标准是什么。但事实上,作为有效沟通,关键内容不仅是信息,更关键的是思想和情感。在沟通过程中,千万不要只满足于信息的沟通,而是应该把沟通的重点放在思想和情感的交换上。这样的传递才是双向的,是情感、信息、思想的反馈,是心与心的交流。

其实要有一个良好的表达,首先了解发送者、编码、沟通方式,以及解码、接受者。

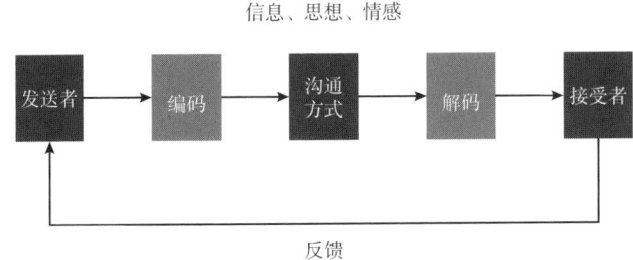

在沟通的时候,发送者的语言表达,以及他的动作神态其实对于接受者影响是非常大的。沟通方式:有肢体语言的沟通和有声语言的沟通。编码:就是发送者通过他的信息的编撰来让沟通的对象,也就是接收者去了解。如果接收者在解码的过程中,并不是特别能够理解对方的意思,那沟通效果就不好了。

有一个编码和解码不一致的笑话:有一位大婶上了一辆公交车,公交车司机说:"两块。"大婶说:"是凉快呀,空调车真凉快。""投两块。""不光头凉快,连脚都凉快呀。"这就是编码和解码不一致,最后达不成一致,所以演讲要避免这样的情况产生!

我们要先明确演讲的目标是什么?其实演讲的目标是通过信息思想和情感的双向传递,让所有人都融入演讲的氛围中,最后达成一致。

所有人都被深深吸引,所有人都融入氛围当中,所有人都愿意为我们鼓掌,这就是一种达成一致。

如果演讲者只顾自己演讲，认为对方怎么想我怎么知道呀，反正我已经把该说的都和他说了，他不理解是他的事情。这个肯定不是好的演讲，有时候只是把我们所要表达的东西表达出来，但是却并没有一些思想和情感的沟通，也是做不好演讲的。我们需要有良好的互动，能够真正有情感上的相互交流。

(1) 会说：站在听众角度。

沟通应该站在对方的角度，我们有时候不妨换一种说法，会起到不一样的表达效果。

> 有这样一个视频故事：一个盲人在街边乞讨，他在一张牌子上写了一句话：I am blind, please help（我是盲人，请帮助我）。结果很少的人帮助他。有一位女士帮他改了一下，换了一种说话方式，很多人就开始帮助他了。于是这位盲人问她："你在牌子上写了什么？"她说："一个不一样的句子"。结果呈现出来，这个句子是：It's a beautiful day, but I can't see it（这是美丽的一天，但是我看不见）。视频最后呈现一句话：Change your words, change your world（当我们换一种说话方式的时候，我们可以改变世界）。

所以有时候不妨换一个说话方式，也许你会发现你和对方之间的距离拉近了，和对方之间的情感也拉近了。

站在对方角度还要注意要用对方听得懂的语言。我们演讲的时候，经常会用一些非常专业的词或者短语，觉得这样可以显示自己的专业，而事实上听众却并不能听懂。其实这是没有站在对方的角度去表达。

> 有这样一个故事：有一位秀才要去买柴火，走啊，走啊，好不容易看见一个卖柴的。他立马说："荷薪者过来。""荷薪者，啥意思呀？过来，哦，可能是让我过去呢。"于是卖柴的就走了过去。秀才又说："其价如何？""价，哦，可能是在问我价格呢。"卖柴的就把价格告诉他。秀才又说："外实而内虚，烟多而焰少，请损之。"什么意思呢？其实他说的是，你的柴外面比较干，里面却是湿的，烧起来火焰很小，但是烟却很大，所以你便宜点卖吧。其实他是想买的对吗？但是就是因为说的话太文言了，导致了双方的沟通

CHAPTER 3　魅力演讲的基础

> 不对等，卖柴的听不懂就走了，最后秀才也没买到柴。

用通俗易懂的语言才能让听众更好地理解。我们想体现影响力和专业度，并不是话说得越高深越好，而是我们要让对方听得懂、听得进去，站在听众角度是非常重要的一个方面。

有一个沟通的工具叫乔哈里视窗，它把事情分为四个象限，别人知道，我们也知道，是我们的共识区。自己知道，别人不知道，是对方的盲区。自己不知道，但对方知道，是我的盲区。自己和对方都不知道的，是共同的盲区。如果有些信息双方都不知道，那么在沟通过程当中，可以通过第三方来了解这个信息。那如果是我的盲区呢，那我就要多问一些开放性的问题，来了解这个信息。如果是对方的盲区呢，我们可以根据对方的提问，通过更加浅显易懂，或者多维度的表达去分享。这样我们就能够扩大彼此的共识区。这就是乔哈里视窗。

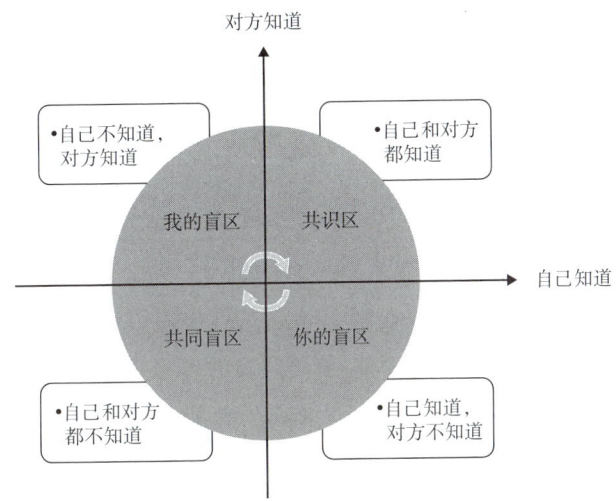

我们可以在演讲之前先了解对方的需求。比如，可以做一个调研或者做一个访谈，了解对方的感受和需求，让表达更有针对性。

(2) 会听：了解听众的内心。

演讲不仅要会说还要会听。戴尔·卡耐基曾经说过一句话：专心倾听别人讲话的态度是我们所能给予别人的最大赞美！可见每一个人都是希望被赞美的，当我们愿意去倾听对方的时候，就是在真诚地赞美对方了。

我们来看倾听(倾聽)这两个字。

倾可以想到什么？倾其所有、全心投入。既然是倾听，那肯定是全心全意地去听。那听(聽)是怎么写的呢？耳朵旁下面是一个王。我们用耳朵去听，所以非常形象。下面是一个王，把对方当成王者来对待。旁边一个十、目、一、心。用十只眼睛看着对方。眼睛是心灵的窗户，我们用十只眼睛进行目光交流，这是非常大的尊重了，一心一意地听对方。这个心是什么心呢？比方说专心、耐心、爱心、关心……可见这个心是从内心而来的，不只是表面上的，我用耳朵去听，更要用我的心去聆听。我们要有良好的表达，就要站在对方的角度去聆听，找到对方的需求点，然后根据这个需求点去表达，这样的表达就会更加具有亲和力。

我们再来看 listen 这个词。

L 是 link，连接对方的心，达到心与心的交流，连接对方的情感，达到情感的整合 I 是 interactive，是互动的交流。可见，倾听它不是单向的输出，也不是单向的接受，而更多的是双向的互动的交流。S 是 sharp，敏锐地察觉对方的一举一动，看一看对方有什么样的细节表现。比如，对方看一看手表，他是不是可能要赶时间呀？再比如他往后一仰，是不是他累了想要休息一下呢？那么 T 是 think，思考一下他背后的想法是什么？然后有针对性地进行反馈。E 是 etiquette，注重演讲表达礼节。N 是 note，注意对方的一举一动，想一想对方到底想的是什么？这就是 listen 的整体含义，从这里可以看出：无论是中文的听还是英文的听，都是潜移默化地表现出了跟对方要有良好的互动。他不是只是单向地听，更多的是全情投入，用心去聆听，能够了解对方的一举一动，了解对方背后想法。

我们在面对听众的时候，应保持一种开放的态度，并且保持适当的放松，保持良好的目光接触。在演讲的时候，充分走到听众内心，在面对听众提问并且回答的时候，清空自己、全神贯注。想一想对方说了什么？什么是没被说出的？怎么说出来的？他本来的思想和情感是什么？听出听众的情绪、所表达的事实，以及他的期待。

听是有几个层次的，第一层是听而不闻，就是根本没有在听；第二层是装模作样地听，就是感觉好像是在听，事实上根本就没有听进去；第三层是选择性地听，我们认为重要的就听，认为不重要的就不听。那这会让我们损失很多。因为有时候，我们觉得重点的不一定就是重点，觉得不是重点的有可能是重点。第四层是专注地听，这已经是很好的听的习惯了，但是却没有第五层设身处地地聆听来的好。也就是我们所崇尚的聆听方式。什么是设身处地地聆听呢？就是为对方去想一想，能够真正的融入他的内心深处，知道他背后到底表达的是什么需求？他的情感是什么？以及他希望得到什么样的回应？

(3) 会反馈：让听众认可。

我们要善于通过表达启发听众，在接收和反馈中，形成沟通闭环。

听到听众的问题或者建议的时候，我们要及时做到反馈，反馈既要积极，又要坦诚！

积极的反馈一般分为两种类型：正面的反馈和建设性的反馈。

正面的反馈就是对对方做得好的事情予以表彰，希望好的事情再次出现或做得更好。例如，"感谢你的回应""你的角度很独特"。

建设性的反馈就是在对方说出一些我们不认可或者是错误观点的时候，给予改进的意见。我们在演讲时，千万不要给予负面的反馈，负面反馈比不反馈更糟糕，我们可以说：我觉得……会更好！

反馈时语意要明确，以免对方理解偏差，用发自内心的语言和听众联结，鼓励对方表达。并且回应对方的情绪，而不是否定对方的情绪，可以说：我理解你此时的感受。

语气一定要缓和，即使我们想表述的是一件使我们义愤填膺的事。一旦语气过硬，就容易招致对方的反感，这时说什么对方都听不进去。

演讲稿准备：让你演讲胸有成竹

我们要想做好演讲，要有良好的准备，有一句话说得好：台上一分钟，台下十年功。虽然我们不用准备十年这么长，但是这句话却深深地表达了准备工作的重要性。

有一句话我一直铭记在心，那就是：准备比资历更重要。这句话是我的一位老师分享给我的，我也经常分享给我的学员。

这句话是什么意思呢？今天我们所拥有良好的资历，是一步一步准备起来的，如果没有良好的准备，那么也不会拥有今天的资历，我们从牙牙学语到现在成长为一名优秀的职场人士，或者是一名管理者、一名公司的骨干，再或者成长为一名非常优秀的总经理、企业家。在一路的成长过程中，其实都是在不断准备的，如果没有这一次次的准备，也不会拥有今天的资历。过去我们遇到的一些困难、一些挫折，我们现在再遇到，已经知道了这些方法了，知道该如何去处理，这就是我们的资历在不断地成长，当我们面对挑战、面对困难的时候，就是在一次次积累我们的资历。

当我们做好积累和良好准备的时候，我们在舞台上才能侃侃而谈，绽放魅力！这种准备来源于心态的准备、内容的准备、技能的准备等。而演讲稿的准备是基础也是非常重要的一环！

与其羡慕别人能够在舞台上侃侃而谈，能够从容不迫地表达观点，不如从现在开始做准备和积累吧！

了解演讲的目的

我们要做演讲，首先要了解一下演讲的目的是什么。一般来说，做演讲无非以下几个形式。

- 分享知识经验：演讲者通过演讲，分享自己所知道的知识经验，让听众学有所获。
- 宣传普及道理：为了让听众了解某种新的资讯或现象，通过演讲的形式，让听众了解某个道理，或者某一个他们不知道的资讯，颠覆他们的认知。
- 引发听众行动：通过演讲引发听众的行动。
- 和听众建立关系：是指为了能建立起人际关系，加深自己在对方心目中的印象。

而演讲最大的核心是让听众有共鸣、有收获，并且把演讲的东西真正内化成行为。而这四种形式也是相辅相成的，因为任何一个演讲，都不可能只是让你知道知识和道理，如果不引发行动的话，其实这个知识和道理也是没有什么用的。如果要引起行动和建立良好的关系，充足的知识经验及案例，都是前提。

增强现场感的说辞

好的演讲稿要突破一般写作的思维定式，演讲者要从增强现场感着手，撰写全文说辞，用一些新方法来表达观点。

要增强演讲稿写作的现场感，正确地撰写要做到以下四点。

- 适合现场表达。语言要适合口头表达，要有浓郁的口语色彩、通俗流畅，演讲语言要既能"讲"又能"演"。
- 适合现场调控。要适当地预设或埋伏一些能够触发听众想象、兴趣、情感、经验的兴奋点，以便于张弛有度，自如地驾驭现场、调控听众。
- 适合现场听众。应是面对听众说出他们乐于倾听的话，任何一个说法或称呼都是值得反复斟酌或再三推敲的。
- 适合现场环境。演讲时要注意"此时此地"的情景。

演讲者还应撰写完整的全文说辞，通过撰写演说词全文，可以删除多余的语气助词和无用的表达语，如"嗯""啊"等；更好地确定各要点之间的关系，运用最合理、有效的说法来演讲；同时还不容易遗漏内容，使演讲更富有感染力。

掌握吸引力表达方法

演讲稿的撰写还有一点也很最重要，就是演讲者要掌握各种新方法来表达具有吸引力的观点，它是演讲者水平和实力的真正体现，以下五种方法可供大家借鉴学习。

- 老话新说：通俗来说就是给老观点披上新外衣，如同商品换新包装，内容是旧的，但形式是新的。
- 借老说新：在生活中有一些流传较广的民俗谚语，演讲者借用这些老的形式加以"改装"，并赋予它新的内涵，对于听众来说会感到似曾相识但又有所不同，能在听众老的共识上快速形成新的认知。
- 破旧立新：顾名思义就是否定旧的观点，提出相反或对立的观点。
- 由此及彼：问题或事物一般都有多面性，在既不否认现有观点的前提下，又敏锐地提出问题的"另一方面"，并适当加以强调，就能达到演讲观点互相渗透的目的。
- 由浅入深：有时某一观点或结论已被人们当作"定论"而广为接受，但实际情况并非如此，只要再往前走一步，会豁然开朗。

演讲者要随着社会前进和新事物发展，不断校正某些观点和看法，不能与发展背道而驰；要根据对象、场合的不同适当增删演讲材料；根据听众需求的不同适当调整局部结构和侧重点；也要经常变换手法，加入一些互动或游戏环节；不断变换或调整最佳的修饰语言，用些听众熟悉的，或新鲜的词语词汇；这些都能够帮助你赢得听众、抓住人心。

搭建内容结构是写好演讲稿的关键

演讲有一个结构模型，分为五个部分。

- 第一部分是导入。
- 第二部分是铺垫。
- 第三部分是主体。

- 第四部分是过渡。
- 第五部分是结尾。

> 导入……
> 铺垫……
> 主体……
> 过渡……
> 结尾……
> 演讲稿这样写……

第一部分：导入

在导入部分，演讲者可以通过引用名人名言、提出令人感兴趣的问题或讲述一个生动的故事来引起听众的注意。导入部分的目的是引出演讲的主题，为整个演讲奠定基础，让听众对接下来的内容有所期待。

那么导入我们可以做什么呢？

- 活动导入。

可以用活动拉近彼此之间的关系，开场与听众建立良好关系。例如，我们可以让大家握手互相问候，大家就会放下戒备、畅所欲言。表情也会更加放得开了。

平时我在教演讲的时候。会让大家握手进行破冰，并且彼此问好："你我来握手，缘分呐！"这样一说，大家就会开怀大笑。于是我就正好引出我的演讲内容，因为演讲是肢体语言和有声语言的结合，那么我们刚刚的握手就是人与人之间的肢体语言的互动，于是就自然而然地导入了。

- 提问导入。

提一个能够启发听众思考的问题，引起听众的思考和共鸣。

如果你的表达太平淡，试试"变讲为问，依答设问"这个技巧！它是演讲中非常重要的技巧。什么意思呢？就是把纯粹的讲变成提问的形式，从而引发思考，这个问题是根据我们原本要讲的内容设置的，从而激发听众的兴趣引出内容。以问题的形式呈现不仅能够更好地与听众互动，还能够促进思考和加深对内容的理解，并且表达也能更有感染力！

如果我要讲绩效，只是平铺直叙地讲绩效是什么就很平淡。变成问题就是："大家可以想一想，我们在年终的时候会拿到一个变化的钱，是什么呢？绩效工资！"然后引出绩效，能够让听众思考，并围绕你的提问，融入你的演讲氛围当中。

在开场的时候我们也可以用痛点问题导入，比如，你有没有遇到过这样的一个现象？你有没有遇到过这样的问题？

我曾经在一家上市公司讲演讲课程，当时我就问："你们会不会遇到这样的情况，在台下明明准备得很好，但是在台上就头脑一片空白，不知道怎么样去呈现出来？或者，你是不是面对熟悉的人能够侃侃而谈，一旦面对不熟悉的人，你就不知道怎么说了？再或者，你是不是因为不会表达、不敢表达而失去了很多机会？"大家立刻都被吸引住了。这就是问题导入，从而引出我们今天想要去表达的。

- 故事导入。

开场的时候可以讲一个小故事。

> 在一个县城的小学里，有一个内向害羞的小女孩，她的名字叫小敏。小敏总是躲在角落里，不爱说话，甚至连老师提问时也会紧张得说不出话来。她觉得自己的声音沉闷、不起眼，缺乏表达自己的勇气。一次班级举办了一场演讲比赛，要求每位学生都要进行演讲。小敏感到无比紧张，但班主任鼓励她勇敢尝试，并告诉她："每个人都有发光的时刻，只要你敞开心扉，勇敢表达，就能散发出属于自己独特的光芒。"她听了之后，慢慢地

挣脱了内向的枷锁，开始努力准备演讲。

她花了很多时间练习演讲，找了很多资料，甚至在家里的镜子前多次练习发音、肢体语言和表情。最终，在演讲比赛的舞台上，她虽然依然有些紧张，但展现出了惊人的魅力和自信，她的演讲赢得了全场的掌声和赞许。

演讲不仅仅依赖口才和表达能力，更在于勇气和自信。她深深感受到，通过演讲，她可以用自己的声音和思想触动他人，影响他人，传递正能量。慢慢地，她培养了良好的演讲习惯，成为一名优秀的演讲者。

她深爱着演讲这门艺术，帮助更多像她一样内向的人找到自信、展示才华。演讲不仅是一种表达方式，更是勇气和自信的体现。无论我们是内向还是外向，只要敢于挑战自我，尝试表达自己，就能散发出内心深处的光芒，成为自己想要成为的样子。

第二部分：铺垫

用一些铺垫的话把故事与主体连接起来，这个铺垫部分就是连接导入和主体的纽带，就像大餐前面拍黄瓜之类的"凉菜"，让人觉得不会太突兀，衔接比较丝滑。例如：大家刚刚听了这个故事，想必都能感受到小敏的变化，内向自卑的小女孩也能在舞台绽放光芒，演讲塑造了她，所以学好演讲，每个人都能实现梦想的人生，那么如何才能学好演讲呢……这就是铺垫。

第三部分：主体

主体部分是重中之重，要根据听众的需求来呈现演讲内容。

重要的是要发掘听众的兴趣。如果是一些年轻的听众，那么需要在演讲内容中融入一些创新、新颖性的东西；如果是一些老年人或者中年人，那么他们可能对实用性的东西更感兴趣。

所以主体部分是演讲内容的核心，是展开论述和阐明主题的部分。在主体部分，演讲者可以按照逻辑顺序或时间顺序组织信息，详细展开主题并提供相关的论据和例证。演讲者可以通过分层、举例、对比等方式呈现信息，使听众更好地接受和理解演讲内容。

在主体部分，演讲者可以深入探讨主题，展示自己的观点和见解，引发听众的思考和共鸣。比如，如何做好演讲的三步法，第一步是什么，第二步是什么，第三步是什么，每一步的具体内容和案例是什么等，这些都是主体部分的内容。

我有一位学员，他要做一个竞聘经理的演讲，我帮他打磨了他的演讲稿。

他是从4个方面来说的，第一是服务，第二是管理，第三是质量，第四是安全。首先，我帮他提炼了一下关键词：提服务，强管理，抓质量，重安全，从这4个方面来说，这个主体部分内容也就更加深入了。其次，用故事案例来进行佐证，凸显这4个关键词，使整个主体框架丰富饱满。

> **一、提服务——客户至上的服务理念**
>
> 服务是我们与客户建立联系的桥梁。
>
> 在我过去的管理经验中，我特别注重服务客户的质量和效率。我们曾成功实施了一项客户满意度提升计划，这一计划的核心是通过引入客户反馈机制，及时响应客户需求，从而提升客户的整体满意度。我们不仅收集了客户的直接反馈，还通过定期的满意度调查来了解客户的期望和我们服务的差距。这些措施使得我们的客户满意度提升了20%，这一成绩的取得，是我们对服务理念的最好体现。
>
> 我记得有一次，一位重要客户的系统在晚上10点出现了紧急故障，这直接影响了他们的业务流程。得知这一情况后，我立即启动了紧急响应机制。我亲自协调技术团队，组织了一支由资深工程师和技术支持人员组成的应急小组。我们连夜工作，通过远程诊断和现场支持相结合的方式，迅速定位了问题所在，并在凌晨3点成功解决了故障。
>
> 但这并没有结束，我深知仅仅解决问题是不够的，预防同样重要。因此，我指导团队为客户准备了一份详细的故障分析报告，其中不仅包括故障的原因分析，还提供了针对性的预防措施和改进建议。这份报告帮助客户了解了如何避免类似问题的再次发生，也展示了我们对服务质量的持续

追求。

这种超越期望的服务，不仅赢得了客户的赞誉，也为我们赢得了更多的推荐和信任。客户的满意和忠诚是我们最宝贵的资产，而这次经历，也让我深刻认识到了作为管理者，在危机时刻领导力和决策能力的重要性。

如果我成功应聘为经理，我将继续深化客户服务，通过完善我们的客户反馈系统，确保客户的声音能够被及时听取和回应。我将持续推动使用先进的客户关系管理工具，以更好地理解客户需求，提供个性化服务。并且组织定期的培训和研讨会，确保我们的服务团队具备最新的产品知识和问题解决技能。我将主导建立一套预防性服务流程，通过定期维护和检查，减少故障发生的概率，确保我们的应急响应团队随时待命，能够在任何时候迅速有效地解决问题。并且我将亲自参与客户服务流程的优化，确保我们的服务团队能够迅速、准确地满足客户需求。

二、强管理——高效协作的团队管理

管理是确保团队高效运转的关键。

我深刻理解到管理的核心在于确保团队的高效运转和协同工作。过去，我有幸主导了一个跨部门的项目，这个项目对我们团队的协作能力和我的管理技巧都是一次重大考验。

在项目初期，我们遇到了资源分配不均和沟通不畅的问题。由于缺乏有效的协调机制，不同部门之间的工作进度出现了脱节，资源配置也存在浪费现象。面对这一挑战，我迅速采取行动，组织了一个跨部门协调会议，召集了所有相关部门的负责人和关键成员。

在会议上，我首先明确了项目的目标和每个部门的角色，明确每个人都对项目的成功至关重要。我鼓励团队成员开放地讨论他们所面临的挑战和需求，以便我们能够共同找到解决方案。通过这次会议，我们实现了以下几点关键改进：我推动团队成员明确各自的职责和期望成果，确保每个人都清楚自己的任务和交付时间。对资源进行了重新评估和分配，确保关键资源能够流向最需要的地方，同时减少了不必要的浪费。建立了定期的进度汇报和沟通机制，确保信息能够及时流通，问题能够及时被发现和解决。引入了协作软件和工具，以支持团队成员之间的实时交流和文件共享，提高了工作效率。设立了定期的项目评审会议，以监控项目进度，及时调整策略，确保项目按计划进行。通过这些措施，我们不仅按时完成了项目，还提高了团队的协作效率和整体绩效。项目的成功不仅体现在我们达到了预定的目标，更体现在我们团队成员之间的相互信任和支持得到了加强。

如果我有幸担任经理，我将采取以下措施来进一步提升团队管理效率：一是，继续完善项目管理流程，确保每个项目都能够高效、顺利地进行。二是，定期组织团队建设活动，增强团队成员之间的沟通和协作。三是，确保团队成员有机会接受专业培训，提升他们的技能和职业素养。四是，鼓励团队成员持续寻求改进的机会，不断优化我们的工作流程和方法。五是，建立公平、透明的激励机制，以表彰团队成员的贡献和努力。

三、抓质量——精益求精的质量控制

质量是我们产品的生命线。

过去，我们面临了一个严峻的挑战：市场上出现了竞争对手的高质量产品，这对我们的市场份额构成了直接威胁。面对这一挑战，我迅速采取了一系列行动，这些行动不仅提升了我们的产品合格率，也增强了我们的市场竞争力。

首先，我让团队对生产工艺进行了全面的审查和改进。我们引入了先进的质量检测设备，这些设备能够实时监控生产过程中的关键参数，确保每一批次的产品质量都符合最高标准。通过对生产流程的优化，我们去除了不必要的步骤并突破了瓶颈环节，显著提高了生产效率。这些改进措施使得我们的产品合格率提高了15%，这是一个显著的成就，这不仅降低了生产成本，也提高了我们对客户的交付能力。

其次，我推动了对生产团队的培训和激励机制的改进。我们加强了员工的质量意识培训，确保每位员工都明白他们对产品质量的责任。通过实施绩效考核和奖惩机制，激发了员工的工作热情和创新精神，这进一步促进了生产效率和产品质量的提升。

此外，我还建议进行跨部门协作，以确保产品设计、生产和销售等各

个环节的紧密配合。通过定期的评审会议和改进计划，确保了产品从概念到市场的每个步骤都能够高效执行。通过这些措施的实施，我们不仅成功应对了竞争对手的挑战，还在市场上取得了更大的成功。我相信，这些经验将为我未来的管理工作提供宝贵的参考。

如果我有幸应聘成功，作为经理，我将采取以下策略和措施来继续提升我们的产品质量和市场竞争力：其一，我将推动实施一个持续的质量改进计划，确保我们的产品和服务始终保持最高标准，其中包括定期的内部审核、客户满意度调查和市场趋势分析。其二，我将增加对研发的投入，鼓励团队采用最新的技术和材料，以创新我们的产品。通过技术创新，我们可以提供更具竞争力的新产品，满足市场的新需求。其三，我将审查和优化供应链管理，确保原材料的质量和供应的稳定性。通过与供应商建立更紧密的合作关系，我们可以更好地控制成本和质量。其四，我将重视员工的专业发展和技能培训，确保团队成员能够掌握最新的生产技术和管理方法。通过提高员工的能力，我们可以提高生产效率和产品质量。其五，我将实施精细化的成本管理和效率提升措施，确保我们的成本控制和资源利用达到最优。通过减少浪费和提高效率，我们可以在保证质量的同时降低成本。其六，我将推动公司采取更加环保的生产方式，并积极承担社会责任。这不仅有助于提升公司的公众形象，也是对可持续发展的长期投资。

通过这些策略和措施的实施，我相信我们能够进一步提升我们的产品质量，增强市场竞争力，并实现公司的长期发展目标。

四、重安全——不可忽视的安全保障

安全是我们工作的基石。

我特别注重安全管理，我们曾发现了一个潜在的火灾风险。这是一个具有挑战性的经历，它考验了我们团队的应急响应能力和安全管理措施的有效性。在一次常规的安全检查中，我们发现了一个区域的电气线路老化，存在短路的风险。我立即采取行动，组织了一个由安全专家、工程师和操作人员组成的特别小组，对整个区域进行了彻底检查。我们不仅更换了所有老化的线路，还安装了先进的火灾报警系统和自动喷水灭火系统，提高

> 了我们对火灾的预警和应对能力。
>
> 　　通过这次事件，我深刻认识到预防和准备的重要性。因此，我提出了一系列预防措施，包括定期的电气安全检查、员工消防安全培训和模拟演练，以及建立一个24小时应急响应团队。这次事件让我们意识到，安全无小事，预防胜于治疗。这些措施的实施，不仅提升了我们的安全管理水平，也增强了员工的安全意识和自救能力。
>
> 　　如果未来我成功应聘经理，我将继续加强安全管理，通过建立更加完善的安全管理体系，确保员工的健康和安全，为公司的稳定发展提供坚实的保障。我将重视每一个细节，确保工作环境的安全，保障员工的健康，还将亲自参与安全培训和演练，提高员工的安全意识和应急处理能力。

第四部分：过渡

　　如何进行过渡？可以用重述主题、总结要点的方式过渡到收尾。比如：相信大家了解并且掌握了演讲这几大核心方法，如果加以实践就会有不一样的效果……

第五部分：结尾

　　结尾是对整个演讲进行回顾和概括的部分。在结尾部分，演讲者可以重申演讲的主题和要点，强调演讲的核心内容，并提出鼓舞人心的结尾语。

　　结论部分的目的是给听众留下深刻的印象，强化演讲的主题，让听众在演讲结束后对演讲内容依然有所思考和回味。

　　在演讲中，精美的结尾与引人入胜的开场一样重要。只要精心构思，反复锤炼，使之别具韵味，就一定收获演讲的完美结局。一个耐人寻味的结尾，能够余音绕梁，三日不绝，让人感觉意犹未尽。

　　结尾部分中，要有畅想，有希望，有感谢。演讲要：讲清楚，听明白，记得住和做得到。其中，做得到就需要引发听众的行动。并且让听众觉得："哇，我好想再听"！让听众有所期待，下次还想再听，让听众目送着演讲者远去的背影，希望演讲者能回来再给他们做一个演讲。

具体做法：

启发愿景：启发未来的美好愿景。

呼吁行动：提示听众何时采取行动，怎么做？因为如果没有行动，世界上再好的哲理也只能是空谈！

表达感谢：表达对观众的感谢。

在演讲结尾时，不要只是说感谢各位的聆听，谢谢，下次再见。可以用一些金句升华你的演讲内容，给别人留下一个具有思想高度的特别印象。引用一些哲理名言、名人名言、古今格言或诗文名句，既能增加结尾话语的力量，也能起到启发愿景和呼吁行动的作用。

例如："路虽远行则将至，事虽难做则必成"，未来的成就和今天的努力是分不开的，让我们将今天的成就留给明日，一起迎接新的挑战，我们深信，在我们的共同努力下，未来一定会更加美好，大家一起携手共进，迎接更加美好的明天！感谢大家的聆听！

一个演讲者能在结束时赢得掌声，能给本人和听众双方都留下愉快美好的回忆，不仅是自己演讲技巧成熟的表现，也是演讲圆满结束的标志。

在演讲结尾时，我们还应注意避免犯以下的错误，我将其总结概括为禁忌"五千万"。分别是：千万别紧急刹车、千万别匆匆忙忙、千万别东拉西扯、千万别不辞而别、千万别盛怒而去。

其中，有紧急刹车、匆匆忙忙和东拉西扯这"三千万"是经常可能会发生的，所以演讲者要特别关注。

在演讲过程中，时常会有因提问或意外状况等情况发生而使进度被打乱或打断，最后导致正常结束时间被延误。在很多情况下，演讲者不得不紧急刹车将演讲草草结束；或者一笔带过匆匆忙忙地收场，这些都是演讲的忌讳，往往会影响到演讲的效果。结尾的好坏同样也是演讲者讲前准备程度和控制能力的体现，如果演讲者讲前准备充分，则意外状况发生的概率就会大大下降；如果演讲者对互动环节做好事先的问题解答预案、控制好互动环节的时间，或者根据演讲稿做好分段的时间安排，并做出合理的临场调整，那就不会需要紧急刹车来立即结束，将演讲草草收场了。

有时演讲的时间相对较长，在结尾时大多数听众的精神面貌易处于低谷，这时认真总结提炼精华是一支很好的强心剂，演讲者千万不能东拉西扯，与演讲内容无紧密联系的不谈、与结尾无关的内容也不要谈，这样的演讲才是最有效的。

打造吸睛标题：让你的演讲万众瞩目

我们取标题一定要聚焦内容，演讲题目的确定要遵循这几个原则。

- 演讲的题目应有主题性：让听众一看就知道我们讲的主要内容是什么。
- 演讲的题目应有新颖性：给听众的感觉非常新颖，和别人是不一样的，是有差异的。
- 演讲的题目应有生动性：一看就感觉特别生动，让听众特别想听你的演讲。
- 演讲的题目应有价值感：让听众一看就能感受到这个演讲内容的价值——为什么要听你的演讲呢？你的演讲和别人有什么样的不一样的，有什么样的价值呢？让人体会到我能够从你的演讲当中获得什么呢？
- 演讲的题目应有吸引力：让听众一看到演讲题目就有想听的欲望，有吸引力的题目，能够让人眼前一亮。
- 演讲的题目应有形式美：让听众一看到演讲题目就有一种美的享受，什么是形式美呢，就是二词语，三字经，四成语，五绝句，读来朗朗上口。

当然，一个好的演讲题目还要注意题目的积极性、适应性、新奇性、生动性，切忌题目过长、深奥怪癖、生涩费解、不着边际。当我们有了想法，其实就是演讲的内容，我们就可以为其取标题，那标题是怎么取的呢？

举个例子，这里有一段话："知识在一个人的构架里，只是表面的东西，就相当于有些人在答卷上能够回答如何管理团队、如何解决棘手的问题等，但是在现实面前，他们却显得毫无头绪、不知所措，他们总是在问，为什么会是这种情况，应该是哪种情况，等等，他们的知识只是知识，而不能演化为能力，更不能通过能力来发掘他们的潜力。现在很多企业都在研究能力模型，从能力的角度来观察应聘者能否胜任岗位，在招聘过程中更应该注重应聘者的实际工作能力。"

如果给这段话提炼一个观点是什么呢？可以提炼为"能力比知识更重要"，这个就是作者的观点，那么我们可以把这个当成我们演讲的标题吗？有些朋友说可以，因为它已经把观点都表达出来了，中心思想已经明确了。其实我们要取标题的话，这个有些平淡了，可以给它加个主标题："强大的'能'量，'能'者为大"，是不是好很多？

我有一个版权课程："声""情"并"貌"——演讲技巧提升。如果我只是说演讲技巧提升，是不是太平淡了，但是我用"声情并茂"，并把"茂"改成了"貌"，以此讲述声音内在情感以及外在呈现，是不是就有形式美了？为什么"如何经营消费者"这个标题不好呢？因为它没有体现价值。那我们把它改成"消费者成为粉丝的秘诀"，是不是一下子就不一样了？当时我参加好讲师比赛的时候，一开始的初赛题目是"演讲的技巧"，题目太大，让人抓不到重点，抓不到细节，于是在复赛的时候，我就进行了调整，把它变成了"让你的演讲更具表现力——巧用口腔共鸣技巧"，是不是就能抓到点了？但是还是不够新颖和具有形式美，于是在总决赛的时候，我又改成了"华丽转'声'——口腔共鸣助演讲"，是不是感觉更出彩？有一个词叫华丽转身，身体的身，改成了华丽转"声"，一下子就使人感觉有形式美了。

我曾经给上海一家知名的三甲医院讲过一个关于disc性格的课程"disc在有效沟通中的重要性"，我把它改成了"用disc的钥匙开启有效沟通之门"，因为我们建立良好有效的沟通氛围，需要一把钥匙，能够打开对方的心灵。所以把标题换一换，话语影响力就建立起来了，别人也就会愿意去聆听你的演讲了。

框架记忆法：让你轻松不忘词

你是否有过这样的经历：辛辛苦苦写了一篇演讲稿，却在演讲时记不住其中的内容，记了上半句，忘了下半句。

平时我在参与各类演讲比赛辅导的时候，发现了一个普遍现象：有时候参赛选手往往写了一篇文采华丽的演讲稿，但在真正演讲时却记不住，导致卡壳，明明是自己亲身经历的事情却讲不出来。

这到底是什么原因造成的呢？其实往往是因为他们只关注演讲稿的内容，而忽略了整体框架的重要性！

记忆演讲稿非常重要的方式，就是框架记忆。

要记住演讲稿，我们需要建立一个清晰的框架，而不是简单地死记硬背。如果只靠死记硬背，那么即使勉强记住了，也会在舞台上因紧张而遗忘。

而这个框架在我们开始写演讲稿之前就可以制定。首先，制定一个清晰的大纲，包括演讲的主题、段落，层次和要点。其次，在写演讲稿时，学会概括要点，这样在记忆演讲稿时就可以按照我们划分的段落来记忆，这种记忆方式就是框架记忆。框架记忆是一种基于结构化思维的记忆方法，它通过将演讲稿分为几个部分，并为每个部分设定关键词和短语，帮助我们记住演讲稿的主要内容。在记忆过程中，要先记住你的整体框架，再记住各点内容及核心句子，然后记住关键词，说错了关键词是要影响含义的，所以要重点记忆。把这些关键词记下来，最后再进行整体呈现。整体呈现的时候要有良好的表现力。

框架记忆不仅可以帮助我们记住演讲稿的内容，也可以带来以下好处：

- 提高演讲的流利度：基于框架来组织语言会使演讲表达更流利。
- 增加演讲的连贯性：演讲更连贯，听众更容易理解和接受演讲的内容。
- 减少演讲时的紧张感：依靠记忆的框架来引导思路会让演讲者不再紧张。

在框架记忆时我们可以用以下方法来帮助记忆：

制作记忆辅助工具：可以使用记忆辅助工具，如卡片、图表或思维导图，来帮助记忆演讲稿的内容。将关键词和短语写在卡片上，然后按照演讲的结构排列。通过不断地查看和回顾这些卡片，我们可以加深对演讲稿内容的记忆。

反复练习：根据整体框架进行反复练习。首先把整个框架记在脑海当中，其次记每一个细节，包括一些关键的词和关键的句子。在练习时，可以尝试闭上眼睛，只依靠记忆来讲述演讲稿的内容，尽量保持流畅，如果忘记了主要内容也可以用自己的语言填进去；也可以面对着镜子，先讲一遍，看一看有哪些问题，如果没有什么问题，可以请朋友或家人扮演听众，与他们进行实际的演讲练习，让家人给你挑挑毛病，看看有哪些问题，然后扩大舞台，在团队成员面前讲一遍，如果发现反馈很不错，就会有自信了。

一次次地讲，一次次地输出，通过反复练习，通过与他人交流，我们可以更好地记忆演讲稿的内容，也让表达更加真实自然。

记录演讲状态：每次练习可以把自己的表现记录下来，看一看自己有什么小动作或者有哪些方面是需要提升的，语言是不是有口头禅，有没有"这个""那个"，下一次再录的时候，可以把原来的一些问题进行改进。其实记忆的要点并不是要把演讲稿背出来，而是要把框架记在脑子里，一开始可以把演讲稿在脑子里有个整体印象，然后就可以只列框架，再讲一遍，如果能够流利地讲下来，那么演讲就成功了。

克服紧张的实用方法与技巧

你上台演讲会紧张吗？我想绝大部分人都会说：紧张！

尤其是第一次上台，很多名人第一次上台的时候都会感到紧张。英国首相丘吉尔当年在演讲台上的时候，脸色发白，全身颤抖，甚至还被轰了下去。他曾经说过："每次的演讲都觉得胃里就像放着一块冰块。"林肯，他走上舞台的时候，恐惧得连一句话都讲不出来；印度"圣雄"甘地，每次演讲都不敢看着观众。

而我也是，当时在读大一的时候要竞选学生会干部，我是笔试前三名，但最后有一个竞职演说，我非常紧张，几次都想放弃。我的老师就跟我说放下自己，接纳自己，相信自己，于是我让自己的心安静下来，把准备好的内容表述出来，我居然获得了全场最高分，赢得了这个职位。后来我参加全国的主持大赛，参加"我是好讲师"大赛，从3万多名培训师23个赛区当中脱颖而出，成为最高奖项的获得者，我觉得路就在自己脚下，只要迈出坚定的一步，愿意去挑战自己，就能够成功。

每一个人都是这样成长起来的，不要在意别人的眼光。做自己，真实地把自己的内在情感，自己的内在价值，自己的内在优势去呈现给更多的人，就是一种突破。

第一步：接纳紧张

我们要克服紧张，首先要接纳紧张！

沈从文先生是非常著名的文学家，他第一次讲课的时候慕名来听课的人有很多，而他居然紧张得不知说什么了。很长时间以后，他才慢慢平静下来，原本要讲述1小时的内容，他三下五除二用50分钟就讲完了，他也非常尴尬，但是离下课的时间还早呢，怎么办呢？于是他陷入了窘境，后来他干脆直接承认了自己的紧张，在黑板上写了一句：话说今天是我第一次上课，人很多，我害怕了，于是全场的都爆发出一阵善意的笑声。

你看伟人、名人都那么容易紧张，而且能承认接纳自己的紧张，更何况是我们呢？

所以我们的紧张，其实是正常现象。主动承认自己的紧张，其实也是一种真诚的表现。

CHAPTER 3 魅力演讲的基础

> 怎么办,好紧张,我该说些什么

第二步：找到紧张的原因对症下药

要想克服上台紧张，我们要对症下药。我们要想一想，为什么会紧张，这需要追根溯源。首先分析：什么原因让你紧张？

其实究其原因有四点：没准备好；期望值过高；怕说错和忘词；不自信。

针对以上四种原因，我们就能有针对性地去解决问题了。

(1) **没准备好**。这就是印证了一句话：准备比资历更重要，准备是前提。当然，如果我们在台下已经花了时间进行准备，但是到了上台的时候却总认为自己没有准备好，不敢上台，那么你就要注意了：在演讲上不要总是做完美主义者。有些人总是追求完美，经常因为一些无关紧要的细节问题而不敢上台表达，也有的人因为观众或者身边人的一些不好反馈就一蹶不振，责备自己的错误,觉得自己不适合演讲,从此不愿上台。

追求完美的人只愿意去面对一些简单的问题,因为在面对简单问题上,他们才能够做到完美,而这就会让他们讨厌风险,不喜欢去迎接挑战。所以在演讲上,我们应该敢于去面对困难,敢于迎接挑战,敢于去表达。要把注意力集中在演讲目标上,努力朝着这个目标去冲刺,而不要过于关注在追求目标的过程中是不是完美而停滞目标的进展。做不完美主义者,勇敢去表达!

(2)**期望值过高**。不要把目标定得过高或带着强烈的求胜动机去演讲,应当适当放松心情减轻心理压力。很多人在演讲时会把期望值定得过高,带着强烈的求胜心态去演讲,这样的心态会增加压力,导致紧张感更加强烈。调整自己的心态,适当放松心情,减轻心理压力,端正演讲动机,将演讲视为一次展示自己、分享知识或影响他人的机会,会让我们更加从容和自信。

(3)**怕说错和忘词**。列好大纲,写好演讲稿,充分准备,确保自己对演讲内容有充分的了解,避免机械背诵演讲稿。充分理解大纲的逻辑和思路,如果忘词就按照逻辑框架继续往下讲,具体的内容用自己的语言填充。同时,多进行演练和排练,熟悉演讲的节奏和内容,增加自信心。充分准备不仅可以提高演讲的流畅度,还可以增加我们对演讲内容的掌控感,从而减轻紧张感。

平时的时候一定要冷静地处理怯场,如果在台上你感到紧张了,就深吸一口气,想一想:紧张只能让我失败,所以,我要让我的心安静下来。

(4)**不自信**。如果对自己的能力缺乏信心,那么紧张感就会更加强烈。

心理学上有一种心理效应是"皮格马利翁效应",源于一个神话故事:一位国王爱上了一座少女像,希望有朝一日这位少女能成为自己的妻子,后来神把这座雕像变成了真人,成为国王的妻子。这个心理学效应告诉我们,当你期待一样事物的时候,这样事物就会到来。

这种心理学效应同样适用于演讲。当要面对陌生的场合或者是人多的场合去演讲时,如果你内心充满恐惧,觉得自己做不到,在那之前吃不下饭睡不着觉,那么当你站在舞台上的时候,你的所有阻碍、恐惧就真的会成为现实,结果可想而知;如果你以从容积极的心态去面对和准备,并且把这次公开演讲当成是一种精进自己的机会来展示自己,想让更多人看到,那么结果一定会往好的方向发展。

再比如有些人天生内向，基础不好，但是他坚信自己可以学好演讲，那么美好的结果一定会如期而至，反之则亦然。所以拥有良好的心态是成功演讲者的必备基础。

如果我们太在意听众的看法，觉得听众是来审视我的，就容易紧张。那我们可以用送礼物的思维，换位思考一下，我站在台上的时候，是来给你分享的，我是来送礼物给你的。

要活出自我，敢于表达，不要因为害怕失败而不自信，更不要因为别人的眼光而放弃，要注重自己的差异化优势，敢于表达自己的观点和想法。

相反，如果认为自己一无是处，那么就永远什么都得不到，如果相信自己有价值，整个世界都会为你让路。我们是自我人生的领路人，自信才能成就美好人生。如果没有自信，不敢表达，就会与机遇失之交臂，如果自信从容，敢于表达，机遇就会眷顾你。同时，自信能够让演讲表达充满吸引力，让听众更愿意倾听我们的演讲内容。

教大家一个提升自信的方法：可以先在家庭中进行小范围的演讲，然后逐渐扩大演讲范围，找到自信的感觉。你的孩子说，妈妈/爸爸，您演讲得真不错；你的爱人说，老婆/老公看来你很有演讲天赋了。你是不是就因对方的赞美而感到有成就感、有自信了对吗？然后一点一点去扩大你的舞台，比如，在邻里之间做一个演讲、在团队成员之间做一个演讲、在公司做一个演讲、到市里做一个演讲，或者到省里做一个演讲，那你的舞台就会越来越大。

所以，我们一定要努力让自己保持一种自信乐观的心态。怯场，怯这个字，其实就是竖心旁加一个去。那么这个竖心旁的心是什么心呢？是保持一颗自信心和平常心。去，是去除什么呢？是去除恐惧、去除紧张。所以只要保持平常心和自信心，自信乐观地面对每一次挑战，你就会越来越自信。

第三步：不断练习

通过不断地练习和演讲来增强自信。同时，多参加一些演讲训练和公开演讲，积累经验，提高自己的演讲自信心。

汪国真曾说：再长的路，一步步也能走完，再短的路，不迈开双脚也无法到达。

当我们树立目标以后，持之以恒和脚踏实地是无比重要的。看似遥不可及的梦想，只要一步步地积累、准备，就能够实现。

每一次的练习和改进都是向着成功迈出一步，并且通过不断地实践、反思和成长，在演讲中达成目标。

如果不愿接受挑战和改变，没有耐心和恒心，那么梦想永远遥不可及！所以，无论面对怎样的演讲挑战，坚定地迈出每一步，终能实现自己的目标。

此外，也可以通过一些放松和调节的方法来减轻紧张感。比如，深呼吸帮助缓解紧张情绪，放松身心；保持自然的姿势和表情，避免过度紧张和僵硬；尝试做一些放松训练和冥想练习，帮助调整心理状态……

戴尔·卡内基说过一句话：克服当众说话的恐惧，对于我们做任何事都会有极大的潜移默化的功效，战胜当众说话的恐惧会使我们脱胎换骨，进入更丰富更圆满的人生。

总之，保持积极的心态，进行充分的准备，进行不断的练习和经验积累。当我们愿意去表达自己的时候，我们也会逐步克服紧张的心态。多学、多说、多练，我们一定可以克服紧张，真正地绽放自己、展现魅力。

高价值演讲的第一步：自我介绍这样做

在演讲时，自我介绍非常重要，它能够快速吸引听众的注意。但是纯粹为了自我介绍而做的自我介绍，听众其实根本就不感兴趣，如果你的自我介绍很平淡，或者仅围绕着自己，没有和听众发生联系，那听众为什么要和你认识呢？你的自我介绍也没有意义。

以下给大家分享几种自我介绍的方式：

切题式自我介绍

什么是切题式自我介绍呢？就是和演讲相联系以引出主题。

例如：在讲演或分享课程的时候我会这样介绍自己："我是一位敏于洞察、敏于思考、敏于表达的人，我的名字叫杨敏。因为我和大家分享的课程是演讲口才，而演讲口才需要洞察、需要思考、需要表达。"这就是切题式自我介绍。

我有一位讲人生规划的学员，叫晓娜，我给她设计了一个切题式自我介绍："大家知道'人'是怎么写的吗？一撇一捺，有的人只知道这一撇，知道如何做计划，但是不知晓这一捺，不知道如何实施。我就是晓娜，我既知晓这一撇，又知晓这一捺。所以各位，今天就由我这位既知晓怎么做计划，也知晓如何去实施的晓娜，来为大家分享人生的规划。"你看这样是不是让她的听众能够在第一时间就记住她了呢？

我有一位学员是银行的客户经理，叫晓梦，她做的演讲是服务质量的重要性，我就帮她设计了一个切题式自我介绍："大家好，我是晓梦，我们每个人都有梦想，客户满意是每一个服务人员的梦想，而能够享受到良好的服务是每一个服务接受者的梦想，而我名字叫晓梦，我愿意为服务人员和接受服务的人员

搭建桥梁，让梦想起航。我希望服务者能够提供良好的服务，而服务接收者能够享受到良好的服务，这是我的梦想。"你看这样是不是就将名字与内容联系起来了呢？所以说如果要做好自我介绍，我们一定要能够去过渡我们所演讲的内容。

再举个例子，我有一位学员是医疗行业的护理管理者，她的名字当中，有一个柳树的"柳"字，那么就可以这么做介绍："柳树是什么时候发芽呢？春天，对了，作为护理管理者，我们要给我们的病患，春的温暖、春的幸福、春的希望，用一个春字来跟大家分享如何进行护理管理的提升。"是不是也很切题？

大家可以思考自己的名字中哪一个字或者是哪一个词，可以联系到自己的主题，从而进行切题式自我介绍。

汇报式自我介绍

汇报式自我介绍方式可以通过一张PPT，将头衔进行展示，并且按照顺序进行分享，这也是我们做汇报或者授课的时候经常用到的。

比方说你的名字是什么？你的标签是什么？呈现出来一目了然。

汇报式自我介绍在授课时会用的比较多：演讲呈现第一张PPT，用汇报式的自我介绍方式将头衔进行呈现。

数字式自我介绍

数字式，就是用数字把自己的经历表述出来。

例如："我的职业生涯可以用一五一十来代表：一是我一直都在做企业培训这项事业，五是我线下的课程板块，分为五大课程板块，沟通技巧、演讲口才、TTT 培训师培养、形象礼仪以及声音塑造。那还有一个一是什么呢？我已经把所有的线下课程融成了一套魅力表达黄金圈的课程体系赋能我的学员，帮助学员由内而外提升表达影响力。那十是我已经在演讲表达的培训路上走了十年了！我在演讲表达上有丰富的经验，如果大家有关于演讲方面的困惑，欢迎和我交流。"

用一五一十的数字来表述，巧妙地将自己的经历表述了出来。

你可以思考一下，在自己的经历当中有哪些数字可以用来自我介绍？比如说二四得八，或者是五六三十都是可以的。

我有一位学员是一家上市证券公司总经理，他的自我介绍如下：

"大家好，我是一名证券行业的老兵，已经工作二十年了，我的职业生涯可以用二乘十等于二十来代表。在这个二十年中，我已经服务了两个部门，而且每一个部门我都工作了十年，分别是财务岗位和总经理岗位，每一个岗位的历练，都让我不断提升，让我变得越来越好，在这些岗位上我有自己的经验和自己的贡献，今天我将把我这二十年来的经验和大家进行分享。"

自己的工作经历可以分成几段，服务了几个部门，总共的经验有几年，这些都可以融在数字式自我介绍中。

大家可以思考一下你的数字该怎么表达？怎么分享？

我有一个学员是一家医院的护理管理者，已经在这个岗位上做了 20 年了，那么他的开场就可以用数字式来进行自我介绍：

"大家好，我是一名护理管理者，我的职业生涯可以用二乘五加十等于二十来代表，我有两个五年，和一个十年。因为我工作 20 年了，对于我来说，两个五年其实是对我自己成长最快的，因为做了五年的临床护士和五年的临床组长。之后进入到护士长的岗位做了十年。所以在我工作的 20 年里，我经历了一个标准的护士成长的过程，这是非常幸运的，我愿意把我这二十年的经验分享给大家。我在重庆，欢迎大家有时间到重庆，我们可以约一约线下交流。"

互动式自我介绍

互动式适合平时的授课、破冰。可以用一张PPT，里面呈现自我介绍，并且逐条排列，其中设计一条假的，让听众猜一猜哪一个是假的。

比如我在授课的时候，就会罗列以下内容，这里面只有一个是假的。

> 大家好，我是杨敏，我是一名演讲教练。
> (1) 我已经累计培训了超3万多名学员了。
> (2) 我是"我是好讲师"大赛首届线上赛区导师并获得优秀金牌导师奖。
> (3) 我是第五届全国培训师推优大赛总决赛导师及冠军赛的主持人。
> (4) 我曾经获得第二届"好讲师"大赛最高奖。
> (5) 我在企业培训上已经有十几年的经验了。

这样的互动，是为了让大家能够仔细地看我的自我介绍，也能够更加深刻地记住我，比如，像我的这个自我介绍，大家可以猜一猜，当然，有些小伙伴已经从之前的汇报式当中找到答案了，其实这个差别并不是特别大，这样互动的目的是希望大家能认真看我的自我介绍且更容易记住我。

这就是互动式的一种，大家也可以设计一下你的互动式自我介绍。

可以在PPT上罗列一下自己的标签头衔，稍微有一点点差别就可以，让大家在分辨的同时，能更加愿意关注你。

还有一种互动式的自我介绍是可以适用于任何场合的。这个互动方式是有来有往的。

首先我是谁、我能够为对方提供什么价值，并且我希望获得什么支持，都可以通过自我介绍来呈现。说出自己的高价值优势，对方才愿意去关注你。我们做到了哪一方面的第一，有没有做到一个细分领域的第一？获得了什么奖项？在成长的路上，有没有帮谁解决过问题，或者是哪些高价值能让大家觉得眼前一亮，以及大家关注我能够获得什么，都可以在自我介绍当中分享。

可以分为四步，第一，我是谁，来自哪里；第二，我为什么会来到这里；

第三，我能够给大家提供什么价值；第四，我能够获得大家什么样的支持！

> 大家好，我是杨敏，我是一名魅力演讲教练。
>
> 很高兴能够受到主办方的邀请和大家一起分享演讲表达的技巧。
>
> 我曾在第三届我是好讲师大赛当中荣获最高奖，之后作为讲师大赛的评委导师，已经孵化了很多的培训师，而且，我已经服务了300多家企业以及3万多名培训学员，并且我服务的企业中有上市集团公司、千亿级的500强公司等，我在培训的道路上已走了十年，并且我在魅力表达上是非常有经验的，我能够帮助你把优势萃取出来，进行高价值的呈现。
>
> 我也能够帮助你由内而外的提升，包括拥有魅力的思维、魅力的内容、魅力的声音和魅力的呈现，让你由内而外地在舞台上绽放自己。如果你有魅力表达方面的疑惑或者是困惑，欢迎和我联系，如果你和我联系的话。我会赠送你魅力表达避坑指南，能够帮助你少走弯路，想和我联系的可以挥一挥手！我也非常希望能够和大家有思维的碰撞，谢谢！

这个就属于互动式，在表达的时候，希望大家和我进行互动并愿意去联系我，因为我是抛出价值的，我也希望大家能支持我，这就是一种互动。

我们在演讲的时候能够给对方提供什么价值？对方联系我们，他能获得什么？给对方送礼物，让对方来联系我们，这样也是一种互动，

例如，我有一位学员从一家公司跳槽到另一家新公司，因为自我介绍给同部门留下了深刻印象，就是用的互动式自我介绍。

> 各位领导、各位同事，大家好！
>
> 我是丽丽，来自浙江，非常感谢贵公司能给我这个机会加入培训部的大家庭，我过去从事的是总监助理的工作，擅长做PPT，也擅长做图表，非常喜欢乐于助人，之后我能够为大家提供我的一些知识储备，也非常希望能够在各位领导和同事的帮助下，学习更多技能，为公司创造更多价值！

如果只是说大家好请多关照，当然不痛不痒对吗？用上述互动式自我介绍效果就提升很多了。

> • 礼貌地向大家问好，自信地做自我介绍，虚心地表达感谢和期望！

幽默式自我介绍

幽默式自我介绍就是在介绍自己名字的时候，加入一些自嘲或者调侃的幽默口吻，也能够起到拉近与听众距离的作用。

比如，有一位局长他是这样做自我介绍的："我姓傅，当我是一位副局长的时候，别人都叫我副局长，当我是正局长的时候，别人还是叫我傅（副）局长，所以我这辈子只能做副局长了。"你看这就是一个幽默导入。

我在做幽默式自我介绍的时候，一般是这么介绍的："大家好，我是杨敏，有的人会把我的名字认成杨梅，说我酸酸甜甜的，其实呢？大家来看哈，这个梅和敏呢，虽然只差一点点，但是在成长的路上我确实有时候爱哭、有时候爱笑，所以酸酸甜甜也正好是我的性格。"这属于什么？属于幽默式，比如，我介绍我自己，你也可以想一想，自己名字中是否有一些笑话或者是哪一个字，能让你的听众听了会心一笑。

比赋式自我介绍

什么是比赋式自我介绍呢？就是用一段我们的经历，或者是一个非常有名的地点，或者一个名人来引出自己。

比赋经历：

"各位！有这么一个门店，之前的业绩经常垫底，自从有一位专家到了这个门店之后，这个门店的业绩就翻了三倍，大家知道这个人是谁吗？这个人就是我。今天我将和大家分享提升门店业绩的方法。"

"亲爱的各位朋友们，大家好，有这么一位小女孩，她一开始的时候自卑内向，上台都容易脸红，而且都不敢说出自己价值，也不敢大声说话，但是通过不断积累与不断突破，她能够在舞台上侃侃而谈，并且获得全国讲师的最高奖项，你知道她是谁吗？她就是我，我就是杨敏，我是一名魅力表达教练，我已经在表达的路上走了十多年，也是非常荣幸今天能够和大家分享我的成长历程。"

比赋地点：

"亲爱的各位朋友们，你知道党的一大的最后一天是在哪里召开的吗？对了，就是嘉兴的南湖，我就是来自浙江嘉兴的，我的名字叫杨敏。"

我有一位来自保定的学员是这样介绍他自己的："中国有一个传统名吃叫驴肉火烧，说起驴肉火烧啊，它的味道真的非常好，你知道它产自哪里吗？就是河北保定，而我就是来自河北保定的，我的名字叫周娜。"

比赋名人：

我有一位学员是培训师，他在介绍自己的时候，比赋孔子这一位名人，他是这么说的：

> 大家好，我一直崇拜一位伟大的教育家，那就是孔子，孔子以其卓越的思想影响了无数人，也影响了我。
>
> 孔子提出了"有教无类"的理念，主张因材施教；强调学以致用，认为学习的目的在于应用；倡导"温故而知新"，在学习中不断回顾和反思，从而获得新的理解和认识。孔子是一位卓越的教师，他以其高尚的品德和深厚的学识赢得了学生的尊敬和爱戴。
>
> 而我是一位培训师，作为培训师应该具备孔子的教学态度，对待每一位学员都应一视同仁，根据不同学员的特点和需求，采用不同的教学方法和内容。不仅要传授理论知识，更要注重实践操作，帮助学员将所学知识运用到实际工作或生活中，提高学员的实际操作能力和解决问题的能力。
>
> 未来我将以孔子精神为引领，鼓励学员在学习过程中不断总结经验，反思问题，更好地掌握新知识，促进个人成长和发展。通过自己的专业素养和热情教学来激励和影响学员，成为学员心目中的良师益友。

自我介绍是我们建立良好印象的第一步，如果你在自我介绍当中能够很好地呈现自己的价值，那你就比别人快了一步。大家可以想一想你该怎么介绍自己呢？

行动计划：

- 根据框架设计演讲稿的框架。
- 根据自我介绍的方法给自己设计一个自我介绍。
- 自信地分享自己的自我介绍，让大家更好地认识你！

CHAPTER 4

魅力演讲的内在表达技巧
——让你的表达彰显价值

演讲定位：高价值演讲的核心要素

找到自己的高价值

首先要明确自己的高价值定位。这需要我们深入了解自己的优势和热爱所在，找到自己与众不同的特点。我们可以将自己的热爱与专业知识结合起来，通过演讲分享出去。通过演讲，分享自己，并传达自己的热爱和激情。这种结合，能够使演讲更具吸引力和说服力。

最关键的就是要找到高价值版本的自己。我们需要问自己：我是谁？我擅长什么？我热爱什么？通过对这些问题的深入思考，我们可以找到自己的核心优势和特色。当有了自己的高价值定位，就可以呈现自己，提升影响力。

那怎么找？我们每一个人都是一个宝藏，找到优势价值和差异化，需要进行提炼萃取我们的优势价值。无论是产品优势、服务优势还是经验优势。

这些价值可能是在成长过程当中的经验，也有可能是学习到的知识，或者是已经内化为自己的能力。我们可以通过回忆过去我们所经历的点点滴滴，从中找到自己的差异化优势。我们也可以想一想：平时别人问我们最多的是关于什么？别人向我们请教最多的是关于什么？回顾之后，你就知道你的哪些经验优势是对别人有价值的，这些经验优势经过打磨优化，你就可以通过演讲呈现出来！我们可以用"道法术器"来提炼。

道：就是我们的经验优势：为什么好，价值在哪里，差异化在哪？
法：就是我是怎么做到的，有没有什么步骤和方法？
术：每一个方法中注意什么，有什么经验？
器：有什么工具话术表单，来进行呈现的加持。

比如说我们的魅力演讲：

道：可以由内而外地把自己的高价值呈现出来，去吸引听众。

法：内在的表达技巧和外在的呈现价值相结合。

术：我们的思维、内容、框架、声音呈现和应用。

器：提炼出来的一些工具、话术、表单等。

可以从过去发生的故事，事件中进行高价值的提炼：过去发生了什么事情？这个事情是怎么解决的？在这个解决过程当中，我们又是怎么做的？

我们所学过的知识经验，内化成自己的经验，也可以提炼。比如，可以提炼为什么这个经验分享出来是对别人有帮助的？

了解目标听众

在演讲之前，需要了解目标听众。

了解目标听众对于演讲者来说非常重要，明确演讲内容的受众，了解他们的需求和问题，有针对性地打造内容，可以帮助听众明确演讲者的演讲内容、风格和重点，同时能够帮助演讲者更好地与听众进行沟通，得到听众的认同和接受。确保演讲内容能够吸引和引起听众的共鸣，并使他们从中获得实际价值。此外，了解听众还可以帮助演讲者选择合适的语言和表达方式。根据听众的文化背景和语言习惯，可以选择更加贴近他们的语言风格，使得信息传达更加顺畅和易懂。

如果一个演讲者不能向听众提供他们感兴趣或需要了解的内容，那么演讲会变得无聊、乏味且难以理解。以下两个演讲场景。

> 场景一：某位演讲者在一次科技会议上发表演讲，他的目标受众是技术人员和工程师。他的话题是新技术在自驾汽车中的应用。他向听众介绍了最新的自动驾驶技术、测量和传感器技术，并附上了案例研究和分析。结果他的演讲内容很受欢迎，因为他的知识定位符合听众的兴趣和需求。

> 场景二：在另一次演讲中，演讲者的目标受众是学生。演讲者设想了

> 一个关于财务规划的话题，并且讲述了一些高级的财务概念。但是，这个演讲内容被学生普遍忽视了，因为他们没有足够的背景知识，使得这次演讲退化成一个无聊、乏味的话题。这位演讲者没有进行正确的价值受众定位，忽视了他的听众的兴趣和需求。

因此，准确的价值受众定位对于演讲者和听众来说都是非常重要的。理解听众的需求、兴趣和背景，可以确保演讲者能够向听众提供有价值的、易于理解的内容，并与他们建立联系。

那怎么做呢？我们必须要问自己这几个问题：听众是谁？他们关注的是什么？我们讲的内容是否能真正吸引到他们？在演讲过程中，根据在场听众的关注点进行有针对性的演讲。

比如，在介绍一辆车的优势时，有的人可能更关注汽车的性能，而另一些人可能更关心汽车的外观和舒适型。因此，在向不同类型的人演讲时，对于注重汽车性能和安全性的听众，可以在演讲中重点介绍汽车的动力性能、安全配置和可靠性。而对于更关注外观和舒适性的听众，可以在演讲中强调汽车的外观设计、内饰舒适度及豪华配置。通过针对不同客户群体的演讲内容，可以更好地吸引他们的注意力，并使他们对演讲产生兴趣。

了解听众涉及受众分析，要考虑他们的背景，如年龄、职业、性格、知识水平、文化背景、兴趣爱好和需求等，可以帮助演讲者更好地调整演讲内容和语言风格，从而更好地吸引听众。

不同的年龄段和职业对演讲的期待是不一样的，比如，二十几岁的听众可能对新颖性的、时尚类的内容比较感兴趣，五六十岁的听众，可能更趋向于实用性的内容。

不同岗位、不同职业、不同性格，对于演讲的期待是不一样的，哪怕是同一个主题，基层的更趋向于操作方向，中层更趋向于管理能力，高层更趋向于战略规划类的。所以不同的职业对于演讲的期待是不同的。

根据听众的知识水平、兴趣爱好、文化背景、性格特点等因素，调整内容的呈现方式和深度，可以更好地与听众建立联系，引起他们的共鸣和注意。

通过深入了解听众，可以调整演讲内容的重点和方式。如果听众是行业内的专业人士，演讲者可以更多地侧重于产品的技术创新和行业应用，提供更多的数据和案例支持。如果听众是普通消费者，演讲者可以强调产品的便利性、实用性和与生活的联系，让他们能够更好地理解产品的优势和价值。

举个例子，假设你是一家新创企业的创始人，准备进行一场关于新产品的演讲。在讲新产品之前，你需要先确定听众的背景信息，比如，他们是行业内的专业人士还是普通消费者，他们对新技术或新产品的接受程度如何？以及他们可能存在的需求和痛点是什么？

根据听众的需求和痛点选择新产品的演讲内容，增加听众的参与度和投入感，增加引人入胜的故事和案例来吸引听众的注意力，让听众更愿意倾听和思考演讲内容。

根据听众的文化背景和性格调整演讲内容的表达方式，避免产生误解或冲突，从而更好地与听众建立联系、创造共鸣、提高演讲的影响力。不同性格的听众，他们对于演讲内容的期待以及反馈也是不一样的。根据听众性格可以分为四个不同的象限。

(1) 老虎型（指挥者）。

此型人感情不外露，但是做事非常果断，总是喜欢指挥别人、命令别人，结果导向明显，往往缺乏耐心，而且不善于授权。

对老虎型人演讲，一定要非常直接，不要有太多寒暄，直接说出你的来历，要节约时间。不要给他压力，也不要让气氛尴尬。不要说不可能，要思路清晰，要有一定的实际依据，要有一定的计划，不要流露太多感情，最终要落到一个明确的结果上，他看重的便是结果。

在肢体语言方面，说话的时候声音要洪亮，充满信心，如果你在老虎型人的面前声音很小，显得缺乏信心，他就会产生很大的怀疑。同时要有强烈的目光接触，目光接触是一种有信心的表现，他会觉得你和他是一致的，他的意愿能够在你身上得到贯彻。

(2) 孔雀型（影响者）。

此型人热忱、有活力、爱表现、有幽默感、开放冲动、富有创意；他感情外露，做事非常果断、直接。动作非常多，而且非常夸张，他在说话过程中，往往会借助一些动作来表达他的意思，这样的人是表达型的人。

对孔雀型人演讲，声音一定要洪亮和他一样充满热情。要有一些动作和手势，如果你很死板，没有动作，那么孔雀型的人的热情很快就会消失，所以要配合着他，在他出现动作的过程中，你的眼神一定要看着他的动作，否则他会感觉非常失望。而且说话要非常直接。孔雀型的人不注重细节，甚至有可能说完就忘了，所以达成协议以后，最好与之进行书面确认，这样可以提醒他。

(3) 考拉型（支持者）。

此型人友善、关心他人、有合作倾向、乐观、支持帮助他人，他感情流露较多，喜怒哀乐都会流露出来；他们看重的是双方良好的关系，不看重结果。他总是微笑着去看你，但是他说话很慢，温情脉脉，然而在决策的过程中果断性也较差。

对考拉型人演讲，要先建立友好的关系。要对考拉型人进行赞赏，要时刻充满微笑。微笑能使你们更加亲近。说话要比较慢，要注意抑扬顿挫，不要给他压力，要鼓励他，征求他的意见。所以，遇到考拉型的人要多提问："您有什么意见？你有什么看法？"之后你会发现，他能说出很多非常好的意见。他基本上是不会主动去说的。所以你看到他微笑着点头就要发问，而且要多提开放式问题。

(4) 猫头鹰型（思考者）。

此型人冷静、小心谨慎、注重细节、追求精确；在决策过程中果断性非常弱；说话非常哆嗦，善于庖丁解牛，抓住关键，问了许多细节仍然不做决定；很少感情流露，对自己和对方要求都很高。

对猫头鹰型人演讲，演讲时一定要用很准确的专业术语，要多列举一些具体的数据，多做计划，使用图表。根据针对性的原则，可以在演讲之前对你的听众做一个调研，或者是做一个了解，通过调研和交流，掌握听众的特点和偏好，确保能够引起听众的兴趣和共鸣。

总之，深入了解听众是演讲成功的基石，只有真正站在听众的角度思考和表达，才能让演讲更加贴近听众的需求，产生更积极的影响。在演讲前，花时间去了解听众，将会为你的演讲带来更大的成功和影响力。

明确演讲目的

任何的演讲都有一个目标，如果没有目标，演讲就无从发生。所以在演讲之前就要明确你的演讲目的是什么？明确演讲目的是任何一场演讲的基础和关键。一个清晰明确的演讲目的可以帮助演讲者更好地规划和设计演讲内容，以确保信息传达的有效性和说服力。当演讲者清晰地表达自己的目的和意图时，可以更好地吸引听众的注意力，引起他们的共鸣和思考。

无论是想要传达信息、解决问题、启发思考，还是提供指导，演讲者都需要明确自己的目的是什么，并设定相应的标准和指标来衡量演讲的成功与否。这样不仅可以提高演讲的实效性和实用性，还可以增强演讲者的自信心和表达能力。

在确定演讲目的时，需要考虑受众的需求和期望，以及演讲者自身的意图和目标。在演讲之前问自己：你的演讲目标是什么？你希望引起听众的关注吗？你希望听众掌握某个主题的内容吗？你想启发听众去改变他们的生活方式吗？确定演讲目标能够帮助演讲者制订一个更好的演讲计划，更好地与听众进行沟通。

明确演讲目的，我们要想一想，我们究竟要传达什么？比方说，我们想让听众被我们的理念所感染，或者让听众掌握一个知识，或者是引发一个行动，那我们就可以用 ABCD 法来进行演讲目标的提炼。

A. audience 听众　　　　　　B. behavior 行为
C. condition 某事发生的条件　D. degree 程度

比如，我们讲的是汽车的性能，那我的目标是希望通过我讲解的汽车性能，让目标客户，在选择汽车的过程当中能够有效辨别，并且选择我们家的产品。A 听众就是目标客户；B 行为通过我讲解汽车性能；C 在选择汽车的过程当中；D 能够有效辨别并且选择我们家的产品。大家也可以用 A、B、C、D 来进行你演讲目标的确定。

当确定好目标后，演讲者就可以通过生动的语言、具体的案例和引人入胜的内容，让听众更加关注和投入演讲中。不仅可以提升演讲的吸引力和影响力，还可以促使听众更深入地思考和反思，而且可以帮助演讲者更好地达成预期的效果和目标。

选择合适主题

主题是演讲内容的核心和基础，决定了演讲的方向和重点。一个与演讲目的相契合的主题，可以帮助演讲者更有针对性地选择和整合相关的信息和素材，确保演讲内容的连贯性和逻辑性。通过选择合适的主题，可以更好地与听众沟通和互动，实现信息传达的有效性和说服力。

我们可以通过主题来引导演讲的发展和结构，使整个演讲更具有说服力和吸引力。因此，在选择主题时，需要确保主题与演讲目的一致，以实现预期的效果和影响。

在计划演讲之前，我们需要知道听众想听什么，什么内容能够帮助他们，必须有一个明确的主题。并且需要有充足的知识和信息来支持演讲内容，使演讲者在演讲时显得更加自信和专业。

例如，如果你是在一家科技公司向技术领导汇报，那你就需要选择一些关于科技行业的最新技术趋势或技术创新方面的话题；如果你是给普通人讲科技，那就要尽量浅显易懂，不能讲得太深奥和复杂。如果你是在一次面试的时候介绍自己那么你需要准备一些有关自己的背景及优势的话题。如果是朋友间的介绍，那么你就要讲一些幽默风趣的话题，不能显得太职业化！

选择合适的主题对一场演讲的成功至关重要。一个引人注目、独特且与演讲目的相关的主题，可以吸引听众的注意力，增加演讲的吸引力和影响力。在选择主题时，我们需要考虑演讲目的、受众需求和自身兴趣，以确保主题的选择符合整体演讲的定位和目标。

总之，在演讲中，定位是非常关键的，它涉及演讲内容的选取和演讲效果的达成。一个好的演讲者必须清楚地知道自己的听众是谁，以及他们期望从演讲中获得什么样的信息或帮助，以及什么内容是他们感兴趣的。如果能够做到恰当的演讲定位，你的演讲会越来越受欢迎！

魅力演讲思维：激发源源不断的演讲灵感

语言是思维的外衣，输入和输出的核心是大脑对信息的接收、处理和加工，表达的过程也是一种思维模式输出的过程。

通过语言，我们能够将自己的想法、情感和观点传递给他人，也能够接收他人的信息和思想。因此，语言的运用不仅仅是简单的表达，更是思维模式的双向互动。

在语言表达中，思维能力能够让演讲者在演讲中构建有逻辑性和吸引力的表达方式阐述自己的观点和想法。不仅能够使观点更容易被他人接受，更好地引导他人思考，达到更好的演讲沟通效果，还能够让表达更具有深度和广度，从而更好地吸引他人的注意和引发听众的共鸣。

如果表达者的思维能力不足，很难在表达中构建有逻辑性和吸引力的框架，不仅导致听众难以理解和接受，而且也会因为自身状态变得更加紧张。

所以平时，我们要加强思维训练，以下是一些需要经常训练的思维方式。

框概念思维——让你轻松接话

框概念思维：用一个大的概念框住小的概念。这个思维可以把原本不相干的两个事物联系起来，可以拉近彼此的距离，轻松地接话。如何做呢？举个例子。

> ▶不框概念：
> 甲：你喜欢吃什么菜呢？
> 乙：我喜欢吃炒青菜。
> 甲：哎呀，青菜吃起来太软了，这样吧，我们去吃醋溜土豆丝吧，脆脆的。

你听了是什么感觉？啥叫青菜不好吃啊，不就是你自己想吃土豆丝吗？

> ▶框概念：
> 甲：你喜欢吃什么菜呢？
> 乙：我喜欢吃炒青菜。
> 甲：哎呀，一看你就特别会养生，你喜欢吃素菜，这样吧，我今天也带你吃一个素菜——醋溜土豆丝怎么样？

你听起来是不是舒服多了？青菜和土豆丝上面有一个更大的概念，就是素菜。这个素材的大概念把两个小概念框起来，就叫作框概念！

再比如：

> ▶不框概念：
> 甲：你喜欢什么运动啊？
> 乙：跑步。
> 甲：哎呀，跑步太累了，这样吧，我们去打羽毛球吧。

这样的话难免会引起对方的反感。

> ▶框概念：
> 甲：你喜欢什么运动啊？
> 乙：跑步！
> 甲：哎呀，原来你喜欢户外运动啊，这样吧，我们去参加一个户外运动，打羽毛球怎么样？

框概念思维能够把两个原本不相干的概念联系起来，从而让你的表达更丝滑。大家可以练一练！

> 练习：
> 你喜欢看什么电视节目呀？
> 你喜欢去哪里旅行呀？

概念关联思维——让你的表达衔接顺畅

概念关联思维：无论你看到什么，听到什么，感受到什么，都可以联系到现在表达的内容。对任何事物我们都可以找到它背后的概念，然后提炼出你要表达的内容背后的概念，两者相关联就能更好地衔接。

我要把看到的物品和我要学好演讲相关联，怎么做呢？

例如：我看到一个杯子，这个杯子跟演讲有什么样的关联呢？如果你只是这么说：演讲者演讲时容易口渴，要喝水。这样的思维没有打开，没有真正理解概念关联思维的内涵。口渴了要喝水，这只是表面的联系。

将思维打开，采用关联性思维，提炼杯子背后的概念：如果杯子是空的，装了水就会变成满杯。这就像我们的演讲，通过演讲技巧的提升，保持空杯的心态，慢慢地积累，我们就会越来越自信。所以我们要学好演讲，要有空杯的心态和不断积累的精神。是不是联系起来了？把杯子提炼成空杯和满杯的概念，演讲也需要空杯和满杯，做积累，这样就和演讲相关联了。

再如：我看到一副眼镜，思维打开，眼镜和演讲有什么关联呢？眼镜可以提炼什么背后的概念呢？比如提炼出：清晰的概念，联系到演讲，我们就可以说一段话：

当我们戴上眼镜的时候，我们就有清晰的视野，这就像我们的演讲一样，需要有清晰的计划、清晰的思路和清晰的表达，所以我们要学好演讲。

所以当我们演讲的时候，就能够提炼背后的概念，我们就能够侃侃而谈。

如果遇到一件事情，也可以提炼一个背后的概念，和你讲的内容相关联。

> 今天我看到公司的横幅上写了一句话"不忘初心，牢记使命"，这让我想到了"责任"二字。肩负责任，是一种无形的重担，它如同一座灯塔，照亮我前行的道路。这份责任，不仅仅是一种承诺，更是一股推动我不断前进的力量。它激励着我，让我在面对挑战时不退缩，即使在逆境中也能坚持不懈。因为我知道，每一个小小的努力，都是向着目标迈进的一大步。这份责任，如同指南针，指引着我在人生的海洋中航行，不迷失方向。它

> 让我明白，每一个选择和决定，都不仅仅是为了自己，更是为了那些期待和信任我的人。因此，我将这份责任转化为动力，让它成为我实现梦想的翅膀，让我在追求卓越的旅途中，勇往直前，永不言弃。

这是不是一段即兴演讲呢？思维是不是打开了？

练习：

手机和演讲有什么关联呢？

当你走过一片树林时，有一棵树上结满了又大又红的苹果，从这句话联系到演讲，你怎么说呢？

yes and 思维——建立良好的表达氛围

yes and 是即兴喜剧中运用到的技巧，可以用在思维训练中，无论对方说什么，我们只能说 yes。

比如，别人今天约你去吃小龙虾，你说："可能不行，我回去还要辅导孩子作业呢。"

用 yes and 来说就不一样了："好的，我们一起去吃小龙虾，这样吧，我把孩子带到吃小龙虾的地方，找一个安静的地方先让他做作业，这样我也有时间辅导他。"

yes and 不是 yes but，不是说"肯定……但是……"而是顺着对方的 yes，加一句话让你的表达更为顺畅。

但在逆语境时，如果只说 yes，那就是自我否定，这是不可取的，我们要肯定对方的话，再说一个 and。比如对方说"你很笨"，你说"是的，我很差劲。"这是自我否定，你可以说："是的，有时候我会感觉我很差劲，当我做错事情的时候，我就有了一次增长经验的机会！"

再如，我的一位学员要去社区分享。有一位大妈就跟她说："在家看电视比听讲座有趣呢。"那你如果说："怎么可能呢？"这样是不是跟别人对立了？

如果用 yes and 说呢？"是的，在家看电视的确非常有趣，有趣的事情其实有很多，比如说我们可以在现场听讲座，因为现场听讲座可以进行点对点的反馈，你还可以见到很多的朋友。"是不是良好的表达氛围就建立起来了。

练习：

大家可以用 yes and 来训练思维：

你说话太搞笑了。

你做事太慢了。

你的观点我不接受。

连词成篇思维——让你的演讲内容丰富多彩

什么是连词成篇思维呢？就是把几个词连起来说一段话拓展成一个演讲。不是简单的造句，而是要有情节、有故事、有内容。

连词成篇的思维有什么好处呢？它可以让我们把不相干的词变成一段话，从而提升我们的即兴演讲表达能力。

比如，家、幸福、责任这三个词，我们可以连词成篇。

> 家是温馨的港湾，当我们遇到了挫折时，我们只要回到家，家人的关怀就会让你放下所有的烦恼，心中就有一股暖流涌出。
>
> 记得有一次我在单位受了委屈：那时是一次单位的竞聘，我花了很长时间准备我的竞聘演讲，但是最后我却和这个岗位失之交臂，我感到非常难过。那个时候，我捂着眼泪跑回家。家人安抚我说："无论你遇到什么困难，家都是你的港湾。"我的眼泪流了下来，当时我感到特别幸福和温暖。作为家的一员，经营好自己的小家，关心和爱护我们的家人，是我们每一个家庭成员的责任。愿大家都有一个幸福的家庭！

练习：

大家可以训练一下连词成篇的思维。比如，猫、上班、闹钟、开心，把这四个词连成一个演讲！

拆字思维——即兴演讲不再难

什么是拆字思维呢？就是把关键词拆开并且分别解释！

它在我们的演讲中是一个非常有用的思维，可以让我们的演讲内容更加丰富。

举个例子，什么是演讲？演讲就是"演"和"讲"的结合，如果没有"演"只有"讲"就会让人感觉特别无聊；如果只有"演"没有"讲"，就会让人感觉像看哑剧一样。

再如，当时我参加一个会议，主持人问在场的嘉宾，你是如何定义成功的？

一般人都会说：成功是……其他嘉宾也是这样说的。

我想了想，就用了拆字思维。我当时把"成功"拆成了"成"和"功"，并且展开讲，最后启发愿景，收获了好评！

> 拆字：把字拆开，变成"成"和"功"，对于"成"你可以想到什么？对于"功"你可以想到什么？
>
> 成：成熟的心态，成事的思维，成长的动力和成就的方法，这些都和成功相联系！
>
> 功：修炼我们的基本功，在长期主义的影响下逐步提升功力，最后形成质变！
>
> 成功不仅仅是一种外在的成就，更是一种内在的修炼。只有拥有成熟的心态，我们才能够应对各种挑战和困难，保持冷静和坚定。
>
> 成事的思维是成功的关键。思维决定行动，行动决定结果。成事的思维让我们能够更加高效地工作，更加聪明地做决策，实现目标。
>
> 成长的动力是成功的动力。不断学习和成长，不满足于现状，不停止追求进步，保持好奇心和求知欲，积极寻找学习的机会，不断提升自己的能力和素质。
>
> 成就的方法是成功的路径。有一套行之有效的方法和策略，知道如何

规划和执行，如何克服困难和应对挑战。善于总结经验，善于借鉴他人的成功经验，善于调整和改进自己的方法。

修炼基本功是通过长期的工作和努力积累的能力，是一个人在某个领域内的专业技能和经验。只有通过不断努力和提升自己的能力，我们才能够培养出真正的功力。比如演讲能力。要成为一位成功的演讲者，离不开长期的努力和坚持。我们要投入大量的时间和精力进行基本功训练，如思维能力、内容能力、声音能力、呈现能力等。通过不断的长期主义的坚持，才能逐渐培养出出色的技能和素质。

所以只有"成"和"功"相结合，我们才能够真正取得成功，让我们一起迈向成功吧！

这篇演讲是否很生动形象？通过拆字分别展开，你的演讲也能生动形象！

再比如说团队，什么是团队？

团："口"加"才"，"口"就是我们要善于演讲，善于表达，只有具备良好的表达能力，我们才能够有良好的团队。那么"才"是什么呢？每一个人都有擅长的方面，每个团队都由不同的人才组成，只有取长补短，我们的团队才能够蒸蒸日上。口才好，我们才能够建立良好的凝聚力，我们的团队才能有活力。

队："耳"和"人"，"耳"，我们要善于倾听对方的表达，只有善于倾听，我们才能了解对方心里想的是什么。"人"，每一个人都是一个独立的个体，但是每一个人又互相凝结在一起。这就是团队。大家看一下我就是把团队的这两个字进行了拆分，变成了"口、才、耳、人"，这就是一个拆字的思维。

所以拆字思维不仅仅可以把一个词拆开，还可以把字拆开，大家可以去练习一下。

练习：

你是怎么看待快乐的呢？

你是怎么看待幸福的呢？

不同角度思维——让你的思考全面又缜密

什么是不同角度思维呢？就是找不同的角度来发表自己的观点，举个例子：有一天我走过一条街，看到这样两个雕塑，驻足观赏，乍一看，是老先生在给小孩讲书，小孩听得好无聊，打哈欠，眼睛都闭上了！感觉还挺心疼这个小孩的。

但是如果换一个视角呢？这个小孩听老先生讲书听得很认真，张大嘴巴跟着念，全身心投入！好佩服这个小孩，学习真卖力！

你看，不同的视角表达是不同的，而这种视角往往是由于我们看问题的角度不同，角度不同表达方式也不一样，有时候表达生动与否和角度是息息相关的！

现在很多单位都会举办辩论赛，其实，辩论赛就是根据不同的角度来进行辩论。看问题的角度不同，所得出的观点，是不一样的。我也经常担任辩论赛的评委，每次看到正反双方辩手唇枪舌剑，激烈角逐，也直呼精彩。正反方辩友在辩论的过程当中，立论观点的佐证就可以从不同的角度来进行说法的提炼。

上次我担任电网青年干部辩论赛的评委，有一个辩题："轮岗和深耕专业哪一个对青年的发展更重要"。可以从不同的角度来进行展开：如连贯性的角度、领导能力培养的角度、知识技能广泛的角度……涉及的范围越广，论据佐证就更充足。

练习：

大家可以在平时多进行输出练习。怎么练习输出呢？我们可以多练习一些反向的叙述，比方说：减肥好不好？吃零食好不好？逛街好不好？看电视好不好？选择正反的立场，然后从不同的角度来佐证，这样你的语言表达力，就能提升很多啦。

对比思维——让你的演讲效果显著

什么是对比思维呢？就是通过两者的对比展开演讲。先讲述一个之前的情况，然后讲述转变后的情况，讲述一个积极的结局。

对比思维是一种思考方式，通过比较两个或多个事物之间的相似之处和差异，以便更好地理解它们的特点、优缺点和影响。

在演讲中通过运用对比思维，可以帮助观众更清晰地理解主题，并展示出观点的深度和广度。

例如：我一直害怕在公共场合演讲，过去我一上台就很紧张，遇到人多的情况就脑子嗡嗡响，不知道该怎么样表达自己。直到我参加了一个演讲培训班。在那里，我学到了如何克服紧张情绪，并在众人面前自信地表达自己。

通过表述某个观点的反面，从而引出正面观点。

> 有些人认为太空探索浪费资源，而我们应该将这些资源投入解决地球上的问题。然而，太空探索为我们带来了很多意想不到的好处。例如，太空技术的发展为我们的日常生活带来了诸如GPS导航、卫星通信等便利。此外，太空探索也有助于提高我们对气候变化、地球生态系统等问题的认识。因此，太空探索并非浪费资源，而是对人类发展的重要推动力。

练习：

大家可以运用以下的素材来做一个对比思维的练习。

教育：过去传统的教育模式与现代创新的教育方式对比，展示教育的发展与变革。

科技：传统的通讯工具和现代互联网技术的对比，说明科技变革对我们生活的影响。

环境：过去不重视环境保护与现在注重可持续发展的环境保护措施对比，探讨环保意识的重要性。

类比思维——让你演讲更生动

类比思维就是，我们可以使用类比来解释复杂的概念。类比法是通过将一个事物与另一个相似的事物进行比较，使观众更容易理解和接受，是一个非常有用的方法。这种方法可以把一个并不太容易理解的词或短语用打比方的形式呈现出来，也是我们思维训练当中非常重要的。

通过将抽象的概念与日常生活中的事物进行类比，可以帮助听众建立更直观的理解。

如化疗。化疗就像用大炮攻城，虽然把一些坏的人杀死了，但是也会把一些好的百姓杀死，所以化疗的概念就非常清晰，化疗会把癌细胞杀死，但是也会把一些好的细胞杀死。

再如：我们把婚姻比作一张纸。

婚姻这张纸，起初是空白的，它代表了无限的可能性和未来的希望。每一笔每一画都代表着夫妻双方在婚姻中的互动、决策和经历。正如在纸上作画，我们需要谨慎地选择色彩和笔触，如果你在上面乱涂乱画，那这个纸就会变得非常的难看，但是如果我们以爱、尊重和理解为指导原则，我们就能在婚姻这张纸上创作出一幅美丽的画作。这幅画作将展现出两个人共同成长、相互支持和深刻连接的景象。

所以婚姻需要经营，我们需要去在婚姻的这张纸上画上绚丽多姿的一笔。

又如：将人生描绘成一场马拉松比赛。

想象一下，人生就像一场宏伟的马拉松，我们每个人都是参赛者。在这条蜿蜒的道路上，我们从同一个起点出发，满怀希望和梦想。

就像我们出生的那一刻，起跑的枪声响起，我们开始了这场漫长的比赛。我们的第一步可能跌跌撞撞，但之后的每一步都是成长和学习的机会。

我们跑过童年的游乐场，那是我们学会走路和奔跑的地方。我们穿过青少年的森林，那里充满了探索和自我发现的奇遇。

然后，我们遇到了人生的起伏，那些陡峭的山坡代表着困难和挑战。每一次攀爬都需要我们付出汗水和努力，但每一次到达山顶，我们的视野都会变得更加开阔。

有时候，我们会被迫离开平坦的大道，走上崎岖的小路。这些小路可能充满了未知和不确定性，但它们也让我们变得更加坚韧和灵活。

生活中的炎热天气象征着压力和疲惫，它们考验着我们的耐力和决心。在这些时刻，我们需要找到内在的力量，保持冷静，继续前进。

在马拉松中，我们会经过补给站，那里有水和食物帮助我们恢复体力。在人生的旅途中，这些补给站就像是我们的家人、朋友和爱人，他们提供支持和鼓励，让我们重新获得力量。

我们不是独自一人在跑。在这场马拉松中，我们会遇到许多同行的跑者。有些人可能会陪我们跑很长一段路，而有些人只是短暂的相遇。每个人都有自己的故事和经验，我们可以从他们那里学到宝贵的经验。

最终，我们朝着终点线前进。这条线代表着我们的目标和梦想，是我们坚持不懈的动力。但记住，就像马拉松一样，人生的意义不仅在于冲过终点，更在于沿途的经历和我们将成为什么样的人。

练习：

我们来练习一下类比思维：生活是一片云。

不同回答思维——让你面对提问游刃有余

根据对方的语言有效反馈，可以改变你的思维方式：当对方问问题时，有几种不同的回答方式。

举个例子：有人问你今天早上吃了什么？一般你会回答：我吃了粥或者包子，对吗？其实这种回答就是直接回答，那除了直接回答我们还有很多种回答方式：

> 报告式回答：关于今天早上吃了什么，我将从吃饭的营养以及吃饭的种类来给你做一个报告……
>
> 描述式回答：让我想起了今天早上琳琅满目的餐桌，有绿色的青菜，白色的包子，给人的感觉真是赏心悦目呀。
>
> 附和式回答：一听你这个问题啊，我就知道你是一个非常关心对方的人呢，你还关心我的早饭呀。
>
> 反问式回答：你猜呀。
>
> 拒绝回答：这个问题我们下次再说。

大家是不是一下思路打开了？如果当对方问你问题的时候，你可以从不同的角度来回答。

大家可以用不同回答思维来进行练习。

练习：

你喜欢什么运动呀？

你喜欢看什么电视节目呀？

魅力演讲的逻辑框架：构建体系化表达的关键

我有一位学员，他是一位行业专家，平时钻研技术，在自己的领域取得了非常大的成绩，但因为不善言辞所以很少公开表达。受邀去参加非常重要的行业报告会，参加报告会的人都是行业的大咖……这可难倒他了，他顿时非常紧张，不知所措！

为何很多专家在本专业很厉害，但是却无法公开表达呢？这是因为专业知识相对零散，如果不能把专业的知识和经验成体系的呈现，就无法做好演讲。所以其缺的不是经验和知识，而缺少的是无法成体系表达的能力，而这种能力是组织框架的能力。

框架体系化是需要进行梳理和进行练习的，需要注意表达的逻辑性和连贯性。

表达内容需要按照一定的逻辑顺序进行组织，使听众更好地理解和接受表达内容，通过体系化表达的专业训练，可以更好地将自己的经验和知识分享出去，从而提升自己的表达能力和技巧。

一个清晰、有条理的内容框架可以帮助演讲者更好地组织和呈现信息，使整个演讲更具说服力和吸引力。

而要让演讲逻辑清晰，表达框架模型是非常重要的，给大家分享几个比较常见的表达模型。

传统型

我们可以分三个段落来讲：就是为什么要讲，讲什么内容，怎么去用。按照 why—what—how，首先是 why 为什么要做，然后是 what 它的本质是什么，还有是 how 怎么去解决。

> （why）在当今这个信息爆炸的时代，能够清晰、有力地表达自己的观点是一种宝贵的能力。无论是在职场上争取晋升的机会，还是在社交场合中建立联系，演讲都能帮助我们更好地展现自己的价值和优势。一个有说服力的演讲能够激发听众的共鸣，推动变革，甚至影响历史的进程。然而，如果我们缺乏演讲技巧，我们就可能无法充分表达自己的想法，从而失去影响力和机会。
>
> （what）那么，什么是一个好的演讲呢？一个好的演讲首先需要有明确的目的和主题。它应该能够引起听众的兴趣，传达有价值的信息，并在听

众中产生持久的影响。好的演讲不仅仅是内容上的丰富，它还需要有吸引力的叙述方式，能够触动人心的故事，以及能够引导听众思考的观点。此外，一个好的演讲还需要演讲者展现出自信和真诚，这样才能赢得听众的信任和尊重。

（how）那么如何成为一个优秀的演讲者呢？首先，你需要有一个清晰的框架。这意味着你需要在演讲开始之前就规划好你的演讲结构，包括引言、主体和结论。其次，你需要关注你的声音。这不仅仅是关于你的发音，还包括你的语调、节奏和音量。你需要练习如何让你的声音传达出你的情感和信念。最后，你需要关注你的呈现方式。这包括你的肢体语言、面部表情和眼神交流。你需要练习如何使用这些非言语工具来表达你要传递的信息。

总之，演讲是一项关键的技能，它可以极大地提高我们的沟通能力，提升我们的个人影响力。一个好的演讲需要有明确的目的、吸引人的内容和有效的呈现方式。通过持续的学习和实践，我们可以提高我们的演讲技巧，从而更好地表达自己，影响他人，最终实现我们的目标。让我们一起努力，成为更好的演讲者，创造更多的可能！

流程型

这个主要针对于操作技能类型的演讲，表述清楚这个操作需要哪几步流程。

很多朋友不清楚如何使用灭火器，若灭火器没有使用正确的话反而会引发危险。今天为大家介绍灭火器的4步使用方法希望对大家有所帮助。

灭火器使用分为4步。

第一步：提。

先手提灭火器的提把，让灭火器保持水平垂直的状态，接着把灭火器瓶体上下摇晃几次，目的是让灭火器瓶体内的干粉松动，以免内部干粉堆积。

第二步：拔。

接着拔掉灭火器上的保险销，也就是灭火器把手下的环状金属物，将金属环拔掉后才能喷出干粉。如果拔掉插销比较困难的话，还要将插销另一头的铅封拔除。

第三步：瞄。

人站在距离火焰3～5米处，用灭火器喷管瞄准火源。此时一只手握住喷管的最前端，方向注意要控制好，而另一只手提起灭火器提把。

第四步：压。

手指压住灭火器的上下把杆，此时灭火器的开关就会被打开，会喷出干粉起到灭火功效。

大家掌握了这4步：提拔瞄压，就能正确使用灭火器防患于未然了。

要素型

就是把一个主题分为几个要素。可以简单进行分类，分成几个要素，并且分别展开。

比如说PPT需要哪几个要素？标题，内容，图片。

比如说职业规划可以分为什么要素？可以分成短期规划和长期规划。

比如说问到你对某一个产品的看法的时候，你可以分成纵向的历史逻辑和横向的竞品逻辑。

比如说在讨论到一个社会热点话题的时候，你可以从微观和宏观程度上分析，可以从社会、经济、历史的要素角度去分析。

千万不要小看说话中的简单要素分类，如果能做到要素型分类，听众能轻松get到你的思路，抓住你的重点，觉得你是一个表达很有逻辑的人。所以当遇到一些问题或者事件的时候，你都可以试着用这个要素型去表达自己。

情境型

不同的场景，我们的应对方式是不一样的。

比如，我们要用演讲进行情境型表达。我们就可以这样去思考：演讲在很多场合都是非常有用的，我们在竞聘的场合中，我们应该怎样呈现？在述职的时候我们应该怎样呈现？在商务演讲的时候我们应该怎样去呈现？这些都是情境型的表达方式。

魅力演讲即兴表达模型：轻松应对即兴演讲

即兴演讲是一种在没有提前准备的情况下进行的演讲。尽管这种演讲方式可能让一些人感到紧张，但掌握一些关键公式和技巧可以帮助你在需要即兴演讲时自信地表达自己。给大家一些非常实用的即兴演讲模型，并且也可以结合我们之前的思路来展开。

PEP 模型

这个模型在表达观点时是非常好的方法。什么是 PEP 呢?

P: point 观点;

E: evidence 证据;

P: point，观点。

首先是观点，再说佐证这个观点的事实论据是什么，最后，再强调一下这个观点。

> 比如：读书真的很重要吗?
>
> P（观点）：读书对我们每一个人来说，都是非常重要的。
>
> E（证据）：高尔基曾经说过，书籍是人类进步的阶梯，多读书的人不仅有缜密的思考能力，而且逻辑思维清晰，看问题有独到的见解，腹有诗书气自华，只有阅读的书多了，脑袋里放着知识，你的开口才会有内容，书中自有黄金屋，书中自有颜如玉，书中自有千钟粟。
>
> P（观点）：总之，读书有助于每个人提升修为，助力我们的工作和生活，是走向成功的必经之路，这就是 PEP。

PEP 模型也可用于回答问题。

> 例如有人问：杨老师，您觉得普通人能练好声音吗?
>
> 按照这三步回答：P（观点）：对于普通人是否能练好声音，我的观点是肯定的。
>
> E（证据）：就拿我来说，我以前的声音也是很干很白的，后来通过后天的塑造，声音变得优美动听。
>
> P（观点）：可见，只要掌握正确的方法，任何人都可以改变声音。

SCQA 结构化表达模型

语言表达要提高和模型结构是息息相关的,这是一个非常有用的模型,叫 SCQA 结构化表达模型。

> S: situation 情景——大家都熟悉的情景、事实;
> C: complication 冲突——实际情况和我们的要求有冲突;
> Q: question 疑问——怎么办;
> A: answer 回答——我们的解决方案。

这样就形成了一个特别完美的逻辑闭环。

这个模型,在生活和工作中的各个场景都可以运用,比方说本来你答应孩子要带他去动物园玩的,但是,天下大雨了,你怎么和孩子说呢?

> S(情景):宝宝,今天我们本来要计划去动物园的。
> C(冲突):但是呢,太阳公公今天不出来,下大雨了,动物园不能去了。
> Q(疑问):那怎么办呢?
> A(回答):我们今天可以看一些小动物的电影或者小动物的书,等天晴了我们再去动物园好吗?

再比如说工作中我们要向领导建议公司需要举办演讲的培训,我们怎么样用这个模型去做说服领导同意举办这个培训呢?

> S(情景):一个公司的员工是否善于演讲,不仅反映出该员工自身的素质,而且折射出该员工所在公司的企业文化水平。
> C(冲突):但是经过我最近的调研,发现我们公司很多员工在演讲表达上存在障碍,导致工作汇报和会议的效率很低。
> Q(疑问):那么怎么样能够快速有效地提升员工的演讲能力呢?
> A(回答):集中开展一期演讲培训,通过培训使员工能够掌握作为一名企业员工应具备的演讲能力并且对过去的行为习惯进行改善与调整,从

> 而逐步塑造出合格的员工。

有没有发现，用这个模型的时候，整个表达很有逻辑性呢？平时用的时候，并不一定非要用这样的顺序，换个顺序，先讲冲突，再讲背景也行，总之，如果长期用这种表达模型去表达，会大大提高我们的沟通效率。也会让听众觉得：哇，这个人思维真缜密，好有逻辑。

那么，就用这个模型练习一下吧！

STAR 模型

如何让演讲更有说服力和感染力，让别人更愿意听取你的观点呢？介绍一种简单有效的演讲技巧——STAR 原则。

首先，我们来看看 STAR 原则的具体内容。

S（situation）代表的是情境，把背景和情境讲清楚，让听众知道你所说的话的背景；

T（task）代表的是任务，让听众明确接下来要做的事情；

A（action）代表的是行动，描述自己采取的具体行动细节；

R（result）代表的是结果，介绍最终所达成的成果。

举个工作上的例子：领导让你对你负责的一个项目进行复盘，你就可以用这个 STAR 原则。

> 感谢领导，我现在就上半年的这个项目做一个复盘：
>
> S（情境）：这个项目我们当时按时完成了工作交付，也是非常感谢我们团队伙伴的大力配合和共同努力。但是当时也是有遇到一些问题，我们交付的时候客户反馈说对我们的服务有些意见。
>
> T（任务）：于是我就需要找出客户不满意的具体原因，并采取措施改进我们的服务质量。
>
> A（行动）：①我主动和客户进行沟通，询问他们不满的原因。结果

我发现客户觉得我们在反馈上存在回复不及时，责任分工不明确等问题。②于是我针对这些问题开展了一次团队会议，明确各部门之间的任务和分工，确保各自的职能清晰明确。③并且建立了内部协作平台，方便信息共享，提高沟通效率。④我也对团队成员进行了沟通培训，提高他们的沟通意识和能力包括对客户需求的理解等。

R（结果）：现在客户对我们的印象大大改观，从而提高了客户满意度，赢得了口碑，这也对我们接下来的项目起了一个好头。谢谢！

是不是这样的复盘显得很专业？

所以运用好 STAR 原则可以让我们的案例讲得有声有色！你也试试吧！

赶（感）过猪（祝）模型

赶过猪模型就是：感谢＋过去（细节）＋祝福。

比如，你们团队拿到了一个奖，让你上去说两句，你就可以用这个结构：

感：感谢主办方，给我这个机会，让我上台分享；感谢领导给我颁发这个奖，这个奖是属于我们团队，是属于我们大家的，我要感谢我们团队的每个人，那么有凝聚力，我们每天都投入了大量的时间和精力进行研究、讨论和编程。

过：在比赛前的几个月，我们确定了一个创新性的项目主题，然后通过团队合作，将其逐步完善。我们才能够把这次的任务做得这么漂亮，我记得我们当时遇到了一个非常棘手的问题，当时在做任务的时候，有一个参数一直对不上，每位团队的伙伴都分工协作，有向专家请教的，有查文献的，因为我们的团结协作，最后攻克了这个问题，我非常感动，最终，我们的努力得到了回报，我们获得了冠军。

祝：相信有这样有凝聚力的团队，我们的未来一定会越来越好！最后祝愿我们团队越来越好。

再如你去参加一个婚礼，主持人临时让你上台说两句，你会不会头脑发胀，不知道说什么？其实可以用这个公式。

> 感：感谢两位新人邀请我参加他们的婚礼，也感谢主持人给我一个上台发言的机会。
>
> 过：在刚刚，我看到，新郎深情地挽起新娘的手，说了声我爱你。新娘顿时热泪盈眶，因为这一句我爱你，不仅仅是一句简单的话语，它承载着两人共同经历的岁月、挑战和喜悦，是对他们关系深度和承诺的肯定。
>
> 新郎和新娘是大学同学，他们的点点滴滴，相濡以沫，互相关心的细节在我脑海当中浮现。我记得有一次，新娘晚上吃坏了东西，突发急性肠胃炎，新郎背着她来到医院，并且陪着她挂盐水。那时，我也看到他们手牵手的场景，像这样的事例有很多很多，这就是爱情。
>
> 祝：作为好友，我祝愿他们百年好合，新婚快乐，也祝福在场所有的朋友们心想事成，万事如意！

又如：年会的时候领导让你上去说两句，那你该说什么呢？也可以用这个框架：首先感谢这一年领导对你的栽培以及同事对你的帮助，然后过去就是我们在这一年哪件事情会让你觉得非常的有感触呢，那就把这个细节说出来："我记得那天赶任务，我们团队的各位伙伴，一直加班到12点，虽然累，但是面对着成果，大家都非常开心，体现了我们团队的凝聚力"。在最后，祝愿大家在未来能够越来越好，是不是发言很有逻辑？

赶过猪的结构可以运用到各种发言场合，大家可以试试！

问元（原）芳（方）模型

什么是问元芳呢？就是：问题—原因—解决方案。

在演讲中先说问题，然后说造成这个问题的原因，再说解决方案！

当被老板问到工作问题时，不仅要分析原因，还要提出建议的解决方案，这样老板会认为你有能力、有担当。

如果老板问：为什么今年的销售指标只完成了70%，没有完成？你怎么回答呢？

(问题)老板,确实,今年的销售指标只完成了70%。

(原因)我分析了原因,主要有3点:

第一是我们销售在销售过程中没有形成有效的跟进措施,导致客户流失比较大。

第二是今年促销的力度偏小,在双十一的时候,优惠力度只有去年双十一的七成。

第三是销售部门的同事流动性比较大,新来的几位销售干了两个月就离职了,新的销售没有及时跟进,导致我们销售的力量不强。

(解决方案)我也想好了对策,准备在下周一的晨会上宣布:

第一,形成客户跟进的流程,并且对销售人员进行培训;

第二,双十一提前四个月准备,提前布置仓储、物流,设计促销价格体系;

第三,HR部门和销售部加强对新员工的培训和关怀、激励,降低流失率。老板,明年的销售指标一定努力完成!

大家可以试试这个问元芳模型!

问论解因动模型

问是提出问题,论就是针对问题得出结论,解是根据结论提出解决方案,因就是得出这个解决方案的原因,动就是行动起来。

问(提出问题):你是否曾经在闹钟响了多次后仍然无法摆脱床的束缚?你是否因为早上匆忙出门而忽略了吃早餐,影响了一天的精力和心情?或者,你是否曾经因为起床困难而错过了重要的早晨会议或锻炼计划?

论(核心观点):这些痛苦和不便,都可能源于没有找到合适的方法来调整你的早晨习惯。

解(解决方案):今天,你的困惑可以得到解决。我要向大家介绍一款革命性的应用程序,它可以帮助你在早晨轻松醒来,让你的每一天都有一个充满活力的开始。

因（支持原因）：这款应用的神奇之处在于它的智能闹钟功能。它不仅仅是一个简单的叫醒工具，而是一个根据你的睡眠周期来设定最佳闹钟时间的高科技解决方案。通过监测你的睡眠质量和睡眠阶段，这款应用能够在你处于浅睡阶段时唤醒你，让你在清晨醒来时感到精力充沛，而不是昏昏欲睡。

动（号召行动）：不要让你的一天在疲惫中开始。现在就下载这款应用，开始改变你的早晨习惯吧！它不仅能够帮助你更轻松地醒来，还能够提高你的生活质量和工作效率。

再如：

问（提出问题）：你是否曾在会议中默默无声，因为害怕上台而错失表达自己观点的机会？你是否在职场上因为不敢在众人面前演讲而无法充分展示自己的能力和才华？或者，你是否在私人场合因为害羞而无法向亲朋好友表达自己的感受？

论（核心观点）：这些痛苦和遗憾，都是因为缺乏自信和演讲技巧。

解（解决方案）：实际上，每个人都有潜力成为一名优秀的演讲者。通过系统的训练和实践，我们可以克服内心的恐惧，站在舞台上自信地表达自己。演讲不是天生的才能，而是一项可以通过学习和练习来提高的技能。

因（支持原因）：我们拥有一套全面的演讲训练方法，这些方法被用来帮助人们逐步建立自信，提高演讲技巧。我们的训练包括：

基础技巧训练：教授如何控制呼吸、使用声音、以及如何组织演讲内容。

进阶技巧训练：包括如何与听众互动、如何使用故事来吸引听众以及如何运用非语言沟通技巧。

心理建设：帮助演讲者克服恐惧和紧张，建立积极的自我形象。

实战演练：通过模拟演讲和实际演讲的机会，让演讲者在安全的环境中练习和提高。

> 动（号召行动）：不要让你的梦想和潜力因为对演讲的恐惧而受到限制。现在就是迈出第一步的最佳时机。加入我们的演讲训练课程，你将获得：
>
> 专业的指导：由经验丰富的演讲教练提供个性化的反馈和建议。
>
> 同伴支持：与其他学习者一起成长，互相鼓励和学习。
>
> 实践机会：通过各种演讲活动，将所学技巧付诸实践。

这就是问论解因动模型，特别适用于招商路演演讲。

观音（因）立（例）愿模型

什么是观音立愿模型呢？观就是观点，因就是原因，立就是举例子，愿就是愿景，祝愿。

比如：

> 各位，大家觉得演讲重要吗？
>
> 演讲作为一种沟通艺术，在我们的生活和工作中扮演着至关重要的角色。它不仅是一种表达思想和分享信息的方式，更是一种影响力和领导力的体现。以下是对您提供的观点的扩展。
>
> 观（观点）：在我的观点中，演讲的影响力是无可替代的。它是一种强有力的工具，能够激发听众的情感共鸣，传达深刻的信息，并在人们心中留下持久的印象。一个出色的演讲能够改变听众的看法，甚至影响他们的行动。
>
> 因（原因）：演讲之所以如此重要，是因为它与我们的生活和工作紧密相连。无论是在职业发展还是个人成长的过程中，演讲都是一个关键的技能。它帮助我们建立自信，展示专业能力，以及在关键时刻有效地传达我们的想法和愿景。
>
> 例（举例）：
>
> 述职报告：在职场中，述职报告是展示我们工作成果和职业素养的重要时刻。通过演讲，我们可以清晰地传达我们的成就和对未来的规划。
>
> 竞聘演讲：当我们寻求晋升或新的工作机会时，竞聘演讲是我们说服

> 决策者我们是最理想人选的方式。
>
> 论文答辩：在学术领域，论文答辩是我们展示研究成果和应对专家质疑的舞台，这需要我们有条理、有逻辑地进行演讲。
>
> 面试：面试中的演讲能够帮助我们展示自己的能力和适合职位的理由，给面试官留下深刻印象。
>
> 招商和路演：在商业环境中，招商和路演是吸引投资者和合作伙伴的重要手段。一个有说服力的演讲可以激发兴趣，建立信任，并促成合作。
>
> 愿（愿景，祝愿）：既然演讲的影响力如此之大，那么让我们共同努力，学习和提升演讲技巧。通过不断的练习和学习，我们可以变得更加自信和有说服力。让我们把握每一次演讲的机会，无论是大是小，都把它当作是提升自己影响力的机会。

三点论模型

三点论模型就是用三个观点或者三个方面构成排比句。排比句能够增强表达力度，创造节奏和韵律，使句子更加优美，更加生动形象、能够增强表达的力度，使句子更加有表现力。提升记忆，在听众心中留下深刻印象。

例如：我经常用一句排比句做自我介绍："我是一位敏于洞察，敏于思考，敏于表达的人，我是杨敏！"

分成三个部分进行阐述的排比句结构可以帮助观众更好地理解和记住你的观点。这在我们演讲中，可以起到非常大的作用。

（1）三个感谢。

比如：有一天开会，你得知获得了一个奖，当你领奖时，你被邀请说两句。那么你怎么说呢？你就可以用三个感谢来表达：你可以把台下的听众分为三类。比如：第一，你的老板；第二，你的部门的领导；第三，你的同事。

于是你分别感谢：

> 尊敬的各位领导，亲爱的同事们，大家好！

> 今天，我站在这里，心情无比激动和荣幸，因为我获得了这份殊荣。在此，我想表达我最深切的感谢。
>
> 首先，我要感谢我的老板。您的英明指导不仅为我指明了方向，还教会了我如何在挑战中寻找机遇。在您的领导下，我学会了如何超越自我，追求卓越。这份奖项，是您智慧和远见的体现，我为能在您的领导下工作而感到无比自豪。
>
> 其次，我要向我的部门领导表达我的敬意。在您的帮助下，我得以克服重重困难，实现个人的成长和进步。您的关怀和支持，是我不断前进的动力。您的经验和智慧，是我学习的榜样。今天的成绩，离不开您的悉心指导和无私帮助。
>
> 我还要特别感谢我的同事们。是你们的并肩作战，让我们的项目能够按计划顺利完成。每一个成功的背后，都有团队的辛勤付出和默契配合。你们的专业精神和团队精神，让我深感敬佩。这份奖项，是我们共同努力的结果，是团队合作精神的最佳证明。
>
> 最后，我想说，这份荣誉不仅是对过去的肯定，更是对未来的激励。我将以此为契机，继续努力，不断提升自己的专业能力，为团队贡献更多的力量。我期待与大家一起，迎接更多的挑战，创造更多的辉煌。在未来的日子里，我承诺将加倍努力，不断追求卓越，以更好的工作成绩回报大家的期望和信任。让我们一起加油，共创美好未来！
>
> 谢谢大家！

是否非常精彩？

(2) 三个要点。

三个要点，可以找到三个方面，并且分别展开。比如：你拿到了这个优秀员工的奖杯。你可以思考一下，你获得今天的荣誉和成功，你能够感受到什么呢？责任？团结？进步？于是就可以说这三个要点！

> 尊敬的各位领导，亲爱的同事们，大家好！
>
> 今天，站在这个光彩夺目的舞台上，接过这份沉甸甸的奖项，我心中

充满了感激和激动。在此,我想与大家分享我此刻的三点感受。

首先,是责任。

当我手握这个奖项时,我首先想到的是责任。这份荣誉不只属于我个人,它更代表着我对我们团队和公司的责任。我深知,我的肩上承载的不仅是个人的梦想,更是团队的期望和公司的未来。这份责任让我时刻保持警醒,激励我不断前行。在未来的日子里,我将继续肩负起这份责任,以更加饱满的热情和更加坚定的决心,为团队的发展和公司的进步贡献我的力量。

其次,是团结。

这个奖项的获得,让我深刻感受到团结的力量。这不是我一个人的胜利,而是我们整个团队共同努力、协作无间的成果。每一位团队成员的辛勤工作和无私奉献,都是我们成功不可或缺的一部分。正是因为有了我们团队的团结一心,我们才能拧成一股绳,共同克服困难,完成任务,最终赢得了这份荣誉。我要感谢每一位团队成员,是你们的辛勤付出和努力,让我们今天能够站在这里。

最后,是进步。

这个奖项不是我们的终点,而是一个崭新进步的起点。它标志着我们过去努力的成果,同时也预示着我们未来更加广阔的前景。我们团队将以此为契机,继续努力,不断进步。我们将继续携手合作,以更加创新的思维和更加坚定的步伐,为公司的美好明天而不懈奋斗。

在此,我也要对在座的每一位表示最诚挚的感谢。感谢你们的支持和鼓励,感谢你们与我一同走过的每一个日子。让我们携手并进,共创更加辉煌的未来!

谢谢大家!

再比如让你说一说:你认为什么是好的团队呢?同样可以提炼三点。

我认为好的团队和三个关键要素是息息相关的:沟通、合作和信任。

首先,沟通是团队协作的生命线。它不仅仅是信息交换的渠道,更是

> 团队成员之间理解、协调和创新的平台。有效的沟通确保了团队目标的清晰传达，问题能够及时解决，并且每个成员都能在需要时获得必要的信息。
>
> 其次，合作是团队实现目标的关键。它要求团队成员放下个人利益，为了共同的目标而努力。合作不仅仅是分工，更是协作和互补。
>
> 最后，信任是团队成功的基石。它意味着团队成员相互信赖，愿意在对方面前展现真实的自我，并且相信队友会履行承诺。建立信任需要时间和努力。
>
> 在团队中，沟通、合作和信任是相互促进的。良好的沟通能够促进合作，而合作的成功又能够增强团队成员之间的信任。反过来，信任的增强又能够改善沟通和合作。因此，团队领导者和成员都应该致力于培养和维护这三个要素，以确保团队的高效运作和持续成功。

三个要点可以通过很多形式去提炼：比如，我们可以用一句话当中的中心点提炼要点，我们也可以用当时现场的感受来提炼要点，我们也可以通过一个事物背后的概念来提炼要点……总之，无论用什么方法提炼三个要点，都能让你的演讲有逻辑性和吸引力。

（3）三个时间段。

分成三个时间段：比如过去、现在、未来。这就是我们的三个时间段。

> 亲爱的团队成员们：
>
> 当我们回望过去，有无数个日夜值得我们铭记。但记得那天，我们为了攻克一个看似不可能的难题而工作到深夜，那个时刻尤其让我感到自豪。我们面对的挑战巨大，但我们的决心更大。
>
> 小刘，你的坚持和努力是我们团队精神的最好体现。你不仅付出了额外的时间和努力，还动员了你的资源，联系了你的同学来帮助我们。你的这种无私和奉献精神，让我们深受感动。正是因为有了像你这样的团队成员，我们才能够集思广益，共同找到解决问题的方法。
>
> 今天，我们终于迎来了这个振奋人心的时刻——我们拿到了团队的最佳奖状。这是对我们过去努力的肯定，也是对我们团队协作精神的认可。

> 这不仅仅是一张奖状，它代表了我们团队的凝聚力和战斗力，是我们共同努力的成果。
>
> 我希望我们团队能够继续保持这种团结协作的精神。让我们拧成一股绳，继续为了我们美好的明天而努力奋斗。我们的目标不仅仅是完成项目，更是要超越自我，创新突破，为我们的客户提供更优质的服务，为公司创造更大的价值。
>
> 我坚信，只要我们团结一心，没有什么是我们做不到的。让我们携手并进，以更加饱满的热情和更加坚定的决心，迎接每一个挑战，创造更多的辉煌。
>
> 谢谢大家，让我们一起加油！

演讲框架有助于我们在不同场合进行即兴演讲时更自信、更流畅地表达自己。所以，多加练习和实践，即兴演讲能力将得到进一步提高。

构建个人表达模型：灵活适应各类演讲场景

提炼自己的表达模型，能够让我们的表达更加具有逻辑性，而且重点突出，有结构化，让人一看就一目了然。

我曾应邀参加一个在深圳举办的个人品牌大会，我就用我自己提炼的模型进行演讲，结果收获观众的好评。当时是让我分享我是如何通过演讲提升个人品牌的。我用了"调味剂"这个模型，"调"就是调整心态，保持一颗利他的心，"味（为）"就是为听众着想，站在听众的角度，"剂（寄）"就是与其寄希望于别人，不如寄希望于自己，主动去改变。我根据每一个点展开，演讲不仅有条理，而且非常有吸引力，这个模型也被很多人记住。

在平时辅导学员的时候，我都会帮助其提炼针对其内容的表达模型。

我有一位学员，他是一位讲师，他要讲如何成为一名好老师，我帮他构建的表达模型叫作：高大上模型。

> **高**：要做好一名讲师，首先要做到高，维度高，知识高，经验高。
>
> 维度高：优秀的讲师需要具备全局视角，能够从不同的角度和层面分析问题，提出深刻的见解。这要求讲师不断学习和思考，提升自己的思维能力和洞察力。
>
> 知识高：讲师的知识储备应当丰富而深入。在学员需要一杯水的时候，讲师应拥有一桶水。这意味着讲师需要不断更新自己的知识库，跟上最新的学术和行业动态。
>
> 经验高：理论知识需要与实践经验相结合。讲师在传授知识的同时，应分享自己的经验和案例，这样不仅能增加课程的实用性，还能帮助学员更好地理解和应用所学知识。
>
> **大**：作为老师，格局要大，包容心要大。
>
> 格局大：讲师应该有长远的眼光和宽广的视野，不应被短期利益所左右。在教学过程中，讲师应该关注学员的长期发展，帮助他们建立正确的价值观和人生观。
>
> 包容心大：面对学员的错误和不足，讲师应展现出理解和包容。通过鼓励和指导，而非指责和批评，帮助学员从错误中学习，激发他们的潜能。
>
> **上**：积极上进。
>
> 讲师的态度对学员有着直接的影响。一个积极向上的讲师能够激发学员的学习热情，帮助他们保持动力，克服困难，不断追求进步。
>
> 总之，成为一名优秀的讲师需要我们不断追求"高""大"和"上"。通过提升自己的专业水平、胸怀和教学态度，我们能够更好地引导和激励学员，帮助他们在学习和生活中取得成功。

这就是一个很好的模型。大家也可以根据自己的演讲主题设计自己的模型。

确定演讲框架之后，我们可以做思维导图来进行框架的整理。思维导图是一种非常有效的工具，可以帮助演讲者提前布局演讲内容，整理思路，确保演讲结构清晰、逻辑严谨。这也是我们在即兴演讲当中非常重要的方法，根据主题确定你的大框架，确定一级目录，然后在你的大框架当中做二级目录，再做三级目录，以下是具体操作：

- 确定主题：首先确定演讲的主题，然后在思维导图的中心写下这个主题。
- 构建大纲：将具体内容以子主题的形式罗列在思维导图的分支上。这样可以帮助你构建演讲的大纲，清晰地分解演讲内容。
- 添加细节：在每个子主题下，继续添加相关的细节、论据、事实等。这样可以帮助你深入挖掘每个子主题，并丰富演讲的内容。
- 设立逻辑桥梁：建立不同子主题之间的联系和逻辑桥梁，确保演讲内容之间的衔接和流畅性。考虑引言和结论：在思维导图的顶部和底部分别考虑并写下演讲的引言和结论部分。
- 标记重点：在思维导图中可以用颜色、符号或者线条等方式标记重点内容，以帮助你更快地抓住关键信息。
- 进一步细化：在思维导图的分支上可以进一步细化细节或者关键词，以便在演讲时更容易回忆和展开。

通过运用思维导图提前布局演讲内容，可以更清晰地组织思路，确保演讲的逻辑性和连贯性，提高演讲的质量和效果。思维导图不仅可以帮助你规划演讲内容，还可以激发创意、凝练观点，让整个演讲更加生动有趣。

魅力的内容：让你的演讲滔滔不绝

内容积累有方法

内容积累涉及知识、技能和经验的持续收集与整合。在这个信息爆炸的时代，演讲内容的积累对于成为一名优秀的演讲者至关重要。它不仅涉及对知识的广泛搜集，还包括对演讲技巧的深入理解和实践。能够帮助我们构建坚实的知识基础，提升我们的创新能力和解决问题的技巧。

演讲内容的积累是一个持续的、多维度的过程。其实我们过去很多经历都可以成为演讲内容素材。例如，过去有没有什么令你记忆深刻的事情，或者有没有什么案例故事，亲身经历的事情是让你难忘的？每天做了什么，有什么感悟？平时可以养成记日记或者每日复盘的习惯。

（1）多做每日复盘——每天都有成长。

我就是每天晚上做每日复盘的，至今已经坚持快两年了，并且打算一直坚持下去。我用的是今日三记。

如何做呢？

- 一记：今日运动
- 二记：今日开心
- 三记：今日启发

"今日运动"记下今天做了什么运动，比方说步行多长时间，跳绳多长时间，瑜伽做了多长时间等。

"今日开心"记下今天觉得有意义的事情，比如让我比较有成就感的事情。比方说我今天做了一个短视频，阅读了一个小时的书，讲了线上课获得了学员的好评等。我也会把一些让我开心的事情写下来，比方说今天陪伴孩子一个小时，给她讲故事，她很开心等。

"今日启发"记下今天发生的事情或者做的事情或者学到的知识给自己的一些启发。比方说在跟孩子沟通的过程当中，我觉得赞美能够使家庭氛围更和谐，再比如说我在今天的阅读中获得了知识在于积累的启发，在学习的过程当中我获得了要有利他思维等的启发。

今日三记，是一个非常好的每日复盘方法。今日运动可以倒逼自己运动，我以前是一个不太喜欢运动的人，平时执着在工作上，常常在电脑旁一坐坐好久，今日运动能够让我更加注意锻炼，这样我就能够有更好的身体去面对我的工作。今日开心让我更加关注每一天的点点滴滴，很多的小事情，平时可能并不在意，过去了也就过去了，但是今日开心的记录让我回想每天哪些事情会让我很开心,哪些事情让我很有收获,哪些事情让我有成就感,久而久之我会过得更加快乐。今日启发能够让我对发生的事情,获得的收获有一些反思,并且对于未来有一些启示。今日三记其实就是体、心和脑,三者的联动。

写今日三记的时候看一看哪些计划完成了,哪些没有完成。千万别觉得这个非常烦,有思考才会有成长,当你养成了这个微习惯,你就有内容的积累。

(2) 多读书做内容积累——"肚"中更有"货"。

阅读是一种无与伦比的力量,它能改变我们的世界观,拓宽我们的视野,提升我们的表达能力。无论是在演讲比赛中,还是在日常生活中,多读书、多积累,总是能让我们在关键时刻展现出惊人的实力。

阅读能给你带来更多的知识,让你发现许多有趣的故事、感人的诗篇以及引人深思的观点。

那么如何阅读可以积累素材呢?可以找你喜欢的书,每天读几页!在读的过程中,不断积累词汇,看一看这些书里面最有价值的是什么内容,提供了哪些解决方案,哪些是你可以借鉴的,把它们记下来。可以把书中看到的金句,或者看书后的感受记录下来,形成自己的素材库。

读的时候带着和作者互动的思路去读,对于自己想了解的知识,或者认为好的观点,仔细想想作者是怎么推导的,他为何会这样推导,如果是我,我会怎么去推导,这个知识我可以怎么去用?作者对我的启发是什么呢?

也可以根据知识绘制思维导图,整合书中的知识和理解的知识绘制思维导图,可以用归纳法,或者是演绎法的思路,思维导图绘制好了,整个表达的逻辑框架也就出来了。按照思维导图重新熟悉内容,以自己的理解看看每个条目下面哪些案例可以加进去,哪些你自己的亲身经历可以加进去。

和自身经验故事结合,想一想书中的知识可以如何让自己结合未来的行动。所以,不要忽略了阅读的力量。多读书,你会发现自己不仅在演讲中表现出色,还能在很多方面变得更加优秀。让我们一起在书中寻找智慧,成为更好的自己!

内容呈现浅显易懂

演讲并不是表达越专业就越好！关键是要确保信息能够被清晰传达并引起听众的共鸣。

如果使用过于专业化的术语，尤其是一些生僻的行业术语或专业术语，会让听众难以理解你的演讲，从而造成信息传达的障碍。

那我们要怎么办呢？变专业术语为通俗易懂的话语：通过用通俗的话语解释专业术语，帮助听众更容易理解你的表达。

例如：我们要介绍一个电视机的优势。

某家电品牌的销售人员介绍：这台电视机是4K彩电。"什么是4K？"一位大妈问。该销售人员说："4K电视就是像素分辨率为3840×2160。"大妈更迷糊了，那么如果这么回答呢："4k电视的清晰度能达到'高清'标准的4倍，一句话就是画面超级清晰啊，比如我们看一个环球小姐大赛，小姐脸上的细纹都能看得一清二楚啊，看个足球赛，草皮飞起来都能看得一清二楚啊！"是不是浅显易懂多了？

再比如"通货膨胀"，这个术语在经济学中非常重要，但对普通听众来说可能有些抽象。我们就可以用话语解释专业的术语。

想象一下，你去你最喜欢的面包店买面包。去年，一个面包可能只花你1块钱。但是今年，由于通货膨胀，同样的面包现在要花你1块5。通货膨胀就像是一个隐形的税，它悄悄地让你口袋里钱的购买力下降了。换句话说，你手里的钱能买到的东西变少了，而你要付出的钱却变多了。

这种通俗的解释方式有助于跨越专业术语和普通理解之间的鸿沟，使演讲内容更加亲切和易于消化。所以，我们在演讲时不要使用太过专业的词或短语，一定要让听众理解。也可以借鉴我们在思维这一节当中的类比思维进行解释。

内容呈现要精准

内容呈现要精准。明确自己的观点、意图和要求，确保你的表达方式不会产生歧义或误解。避免含糊不清或过于笼统的表述。

这有助于减少双方之间的信息传递损失，使得信息更加紧凑、准确和易于理解，从而提高工作效率和准确性。精准表达能够展现你对细节和专业性的重视，展现你的认真和负责态度，从而赢得他人的信任和尊重，建立起良好的沟通关系。可以使信息传达更加清晰、流畅，避免冗余和重复，有助于营造积极的沟通氛围，提高交流效果和协作效率。无论是在日常工作中还是在人际交往过程中，精准表达都是至关重要的。

不精准表达：

"请为下周的项目做好准备。"

精准表达：

"你需要在下周一之前完成以下三个任务：①完成市场调研报告，包括数据收集和分析。②确定项目的里程碑和关键路径，编制项目计划表。③确保我们的供应链合作伙伴已经收到我们的订单，并向他们确认交货日期。在完成任务后，请将相关材料发送给我，并准备好下周二的项目评审会。"

精准表达清晰地传达了任务的具体要求和截止时间。相比之下，不精准表达缺乏明确性，可能导致团队成员产生误解或混淆。通过准确的描述任务的具体内容、时间要求和送交方式，能够确保团队成员理解你的意图，并能够按照要求准确执行工作。

内容亮点设计：用案例故事引起共鸣

案例故事，可以增强演讲的生动性，解释复杂的概念和理论。将抽象的理论知识具体化，使其更易于被理解和接受。还可以增强演讲内容的可信度和说服力。

很多优秀的演讲就是用恰当而生动的例子撑起来的，可以引用个人经历或者第三方的故事。通过引用真实的案例，建立起听众对演讲者的信任和尊重，从而引起听众情感的共鸣，激励他们积极行动。

在讲故事的过程当中，我们如何能够引发听众的共鸣呢？

选择和主题相关的故事——故事更有针对性

选择与演讲主题相关的故事。例如：假设演讲的主题是领导力，演讲者可以讲述一个关于领导者面对困境的故事。

例如，我有一个学员是政府的公务员。他当时要做一个演讲，讲关于环境保护的话题，本来他的演讲就非常普通，罗列了如何预防环境污染的条条框框，显得很枯燥，我就建议他引用一些真实的环境污染案例，如某地区因工厂排放污染物导致居民健康受到影响的情况。

这样的案例故事可以让听众更加直观地感受到环境问题的紧迫性和重要性，从而增强他们对环境保护的认识和支持。后来他的分享也获得了听众们热烈的掌声。

此外，需要结合自己的经历和观点，将自己的亲身经历和独特观点融入故事和例子中。通过分享你在某个领域的亲身经历或者对某个问题的独到见解，可以让听众更容易产生共鸣，也更容易接受你的观点。

我的一位学员是一位创业者，他一开始在分享他公司产品的时候，只是讲这个产品的好处，效果不是很好。我就建议他分享一下他为什么会从事这个事情？他的初心和使命是什么？发生了什么样的一个事情，才让他产生这样的一个想法，以及他因为这个产品变得更好的故事，结果很多人因为他的故事而被他深深吸引，从而购买他公司的产品。

设置悬念和冲突——让故事情节引人入胜

我们可以在一开始设下悬念，引导听众思考。通过在故事开始时设定一个启发听众的问题，吸引听众的注意力，激发他们的好奇心，引导他们产生思考和共鸣。

比如，在讲述一个关于成功者经历挫折的故事时，演讲者可以在开始时暗示听众，让他们思考成功者是如何应对挑战的，从而引发听众的思考和共鸣。

要有背景冲突以及解决方法，例如，讲到他要成功之前却遇到了困难，正当所有人都认为他会失败的时候他却克服了困难，在最后关头，凭借自己的智慧和勇气，成功地解决了问题……正当所有的人心都被悬起来的时候，最后的结果却是圆满的。

这个冲突，可以是和环境的冲突，比如想换一份工作，换一个环境；也可以是和别人的冲突，比如说面对家人的反对，同事的嘲笑，客户的不理解等；也可以是和自己的冲突，比如对自己不满意，想要寻求突破等。

能够贴近听众的故事——更能吸引听众注意

当听众在故事中看到自己的影子时，他们更容易产生情感反应。故事中的情景可以激发听众的同情心和同理心，并且对演讲的主题产生情感投资，从而更关注演讲内容。

我曾经看到有一个演讲视频，以父子各自从事的工作的瞬间为切入点，升华到社会的宏大价值观，让我印象深刻！

我拆解了它为什么让人印象深刻：表达时如果只是向听众呈现一些宏大价值观，听众可能会觉得那和我没有什么关系。而演讲中从父子的各自工作切入，让人感同身受。因为每个人都有家，都有父亲，各自从事着不同的工作，每个人都有一份"小我"，而这份"小我"中蕴含着"大我"的梦想和精神，是社会的脊梁！

表达要深入人心，是需要引起听众共鸣的，而这份共鸣让听众觉得内容和自己是相关的，是真正走到听众内心深处的！

所以我们在表达时可以通过身边事，平常话，真性情中的故事和细节引入，从而升华内容！

可以在演讲中设置适时提问、征求意见或者鼓励听众发表观点。也可以在故事结束后，与听众分享自己的思考和感悟，从而引发更深层次的交流和共鸣。

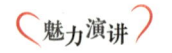

在故事结束后，演讲者可以提出一些问题或观点，邀请听众分享他们的看法和感受，从而引发更深入的交流和共鸣。

让听众有场景感——让听众身临其境

(1) 有五感。

五感是指人类的五种感觉，即视觉、听觉、触觉、味觉和嗅觉。在讲故事时，通过描述故事情节中的视觉、听觉、触觉、味觉和嗅觉等感官细节，使听众更深刻、更身临其境地体验和感知故事中的场景、情节和情感。

引入五感细节，可以增强故事的生动性、真实感和情感共鸣，从而更好地吸引和打动听众，让听众更容易投入故事中，形成更深的情感联系。

- 视觉：让听众可以想象并观察故事中的人物、场景、环境、动作等，使他们仿佛置身其中。
- 听觉：通过音效描写、语言描述和声音效果，带领听众感知故事中的声音、音乐、对话、环境声等，让他们听到情感、感受情节发展。
- 触觉：通过描写物体的质地、温度、触感以及角色的身体感觉和动作，让听众感受到物体的触感、温度等，增加故事的真实感和触动力。
- 味觉：通过描述食物的味道、口感或创造出具体的味道联想，让听众体验到故事中的味觉感知，提高情节的细腻和丰富度。
- 嗅觉：通过描写气味、氛围、环境中的气味等细节，使听众感知到故事中特有的气味，激发记忆、情感和想象。

通过五感细致描写，讲故事者可以打造更具体、更全面、更生动的故事场景，帮助听众更直观、更深刻地理解故事中的情节和内容，增加故事的吸引力、感染力和影响力。

仿佛我看到了我听到了，我感受到了，让听众有一种身临其境的感觉，这个故事情景就浮现在他的脑海当中了。

比如，我想说：干锅牛蛙很好吃。如果只是说干锅牛蛙太好吃了，听众没有什么感觉对吗？那如果我说："干锅牛蛙很好吃，服务员端上来的时候还在滋滋作响，有绿色的香菜，红色的辣椒，啊，金黄剔透，看上去就外酥里嫩，太诱人了。"你是不是感觉到非常好吃呢？

因为触动了你的五感，你就感觉非常好吃了，对吗？

再比如说，妈妈对我很好，有感觉吗？没有！

那如果我们这么说呢：

> 那天清晨，我像往常一样准备出门。手刚触碰到门把，妈妈的声音突然从身后传来"阿敏，等一下。"我转身，看到妈妈，她正用那双略显粗糙的手，小心翼翼地捧着两个用塑料袋包裹的包子。包子的洁白与妈妈的手形成鲜明对比，那一刻，我突然觉得母爱好温暖。
>
> 我记得昨晚，妈妈在厨房里忙碌到深夜，原来是为了满足我不经意间说出的小小愿望——我想吃包子了。这包子的褶子一个个捏得特别用心，每个褶子都藏着妈妈的爱。
>
> 我走近妈妈，包子的香味一下子扑鼻而来，那是家的味道，是母爱的味道。妈妈的看了看包子又看了看我，她的声音里带着一丝期待："刚出锅的，还热乎着呢，快拿着吧。"她微笑着，将包子递给我，笑得特别满足。
>
> 我伸手接过那还带有余温的包子，心头一暖。包子的表皮软软的，在我手中几乎要变形。我紧紧握着，那一刻，我的眼中不禁泛起了泪花。
>
> 这个早晨，我不仅感受到了包子的美味，更深刻地体会到了母爱的温暖和力量。妈妈的爱，就像这清晨的阳光，温暖而明媚，照亮了我的每一天。

这样的描述，是不是让你深刻感受到了妈妈的爱？

所以演讲故事的时候，融入五感会让听众有身临其境的感觉。

(2) 有细节。

讲故事的过程当中要有细节感，让听众感受到，他就在你的身边一样。从故事的开头或中间便要吸引听众的注意力、事例中要充满了切题的细节且能将教训和经验投射到故事中再现于听众耳畔，起到发人深省，呼应主题的作用。

想一想成长当中你遇到过什么难忘的事情吗？或者遇到过什么挫折？有没

有遇到什么特别开心的事情？有没有遇到什么困难，谁帮你解决了这个问题，你从中有什么样的收获？都是可以讲的。

当我们在讲故事的过程中，人、事、物是很重要的，你要让听众感受到这件事情就在他的身边。让听众在心中形成一个清晰的画面。描述故事发生的环境、时间和地点，可以让听众更容易置身其中。

例如，你可以描述一个在繁华都市的夜晚，一位年轻人在熙熙攘攘的人群中，为实现自己的梦想而努力奋斗的场景。让听众能够在脑海中形成一个你所表达的场景的清晰画面。可以用一些感观方面的形容词描绘故事发生的环境，让听众更容易置身其中：

> 在那个夜晚，天空乌云密布，细雨绵绵。街道上的霓虹灯一闪一闪的，特别迷离。
>
> 雨水落在沥青路面上，汇聚成无数个小水坑。每当车辆疾驰而过，水坑里的水便被溅起来，变成一朵朵水花，在空中划出一个个漂亮的弧线，然后落下，发出细微的"噼啪"声。
>
> 在这样熙熙攘攘的人群中，一位年轻人的身影显得格外突出。他穿着一件略显单薄的外套，雨水把他的头发打湿了，几缕发丝贴在额头上，但他的眼神坚定，走得飞快。他穿梭在人群中，不顾雨水打湿了他的衣服，不顾脚下的水花溅湿了他的裤脚。
>
> 他的手中紧握着一份文件，那是他为梦想准备的计划书，每一页都承载着他的希望和汗水。
>
> 街边的咖啡店传来淡淡的香气，与雨中特有的泥土味混在一起，特别有都市雨夜的味道。远处，一家唱片店的音乐飘出，旋律在雨中飘荡，给这个夜晚增添了一丝温暖和慰藉。
>
> 年轻人的脚步没有停歇，他的目光始终注视着前方，那里有他的梦想，有他的未来。雨水和汗水混合在一起，但他的脸上却带着微笑，因为他知道，每一滴汗水和雨水，都是通往梦想之路上的见证。
>
> 在这个繁华都市的雨夜，这位年轻人的身影成为了一道独特的风景线，他的故事，他的梦想，都在这个夜晚，被雨水和灯光共同编织成一幅动人

> 的画卷。

听众是否仿佛能够感受到雨滴的凉意，闻到咖啡的香气，听到音乐的旋律，看到年轻人眼中对未来的渴望和坚持？

通过描述人物的外貌、性格、情感和动作，可以让听众更容易产生共鸣。例如，在讲述一个关于勇敢面对困难的故事时，你可以描述主人公坚定的目光、不屈的性格以及他在面对挑战时的勇敢举动。

听故事能够产生一种身临其境的感觉，比如说你在讲这个故事，脑海当中就会浮现出这个故事。

(3) 有对话。

我们讲案例故事的时候，可以增加对话感。运用对话和直接引语，可以让故事更加生动。通过让故事中的人物亲自发言，可以让听众更直接地感受到他们的情感和想法。

> 在我们的成长旅程中，他不仅是我的朋友，更是我的战友。我们的友谊像一棵深根的树，从小苗一起长成参天大树，经历了无数风雨的考验。记得在大学一年级的期中考试时，我因为准备不足，成绩一落千丈。成绩单上的数字像一记重锤，击碎了我的自信。
>
> 他来到我的宿舍，看到我沮丧地坐在书桌前，成绩单被我揉成了一团。他轻轻拍了拍我的肩膀："嘿，这是怎么回事？你可不是这么容易被打败的人。"
>
> 我抬头看着他，眼中带着迷茫和自责："我 ... 我不知道，这次考试我考得一塌糊涂。"
>
> 他坐下来，认真地看着我："一次考试而已，它不能定义你。你记得我们小时候一起完成的那个复杂的拼图吗？我们试了多少次才成功？失败只是告诉我们，我们需要换个方法再试一次。"
>
> 我叹了口气，心中的焦虑并未完全散去："但这次不一样，我感觉我什么都做不好。"
>
> 他微笑着，从口袋里拿出一张纸条，递给我："看看这个。这是我从图

书馆找到的一句名言：'成功的人是从失败中走出来的，而不是从成功中走出来的。'"

我接过纸条，读着那句话，心中的迷雾开始慢慢散去。他继续说："你上次的失败，只是告诉你，你需要更多的准备和努力。我相信你，你也要相信自己。"

我紧握着那张纸条，感受着他话语中的力量："你说得对，我不能因为一次失败就放弃。我要重新站起来，我要证明我可以。"

"没错，这才是我认识的你。现在，让我们一起看看你的错误，找出问题所在，然后一起解决它。"

从那天起，我们一起复习，一起讨论，一起解决问题。他的支持和鼓励成为了我前进的动力。在第二次考试中，我的成绩不仅恢复了，还比第一次提高了 60 分。这个成绩的提升，不仅是数字上的改变，更是我自信心的重建，是我们友谊的见证。

（4）有修辞。

运用生动的比喻和形象的描绘，可以让你的故事更加引人入胜。

例如，你可以将一个企业的发展过程比喻成航行在波涛汹涌的大海上，形象地描述企业在风雨中成长的过程。每一个阶段都是一个故事的开始。

创立初期，企业就像一艘刚刚下水的新船，船体尚未经过风浪的考验，船员们满怀希望和梦想，准备启航。创始人和早期团队就像是船长和船员，他们必须确保船只的航向正确，同时准备好面对未知的挑战。

航行中不可避免会遇到风暴和巨浪，企业在发展过程中也会遇到各种挑战，企业需要具备灵活应对的能力，调整策略，以保持稳定发展。

……

航行没有终点，只有不断的探索和前进。企业的发展也是一个持续的过程，需要不断地学习、适应和创新，以实现长期的可持续发展。

运用恰当的修辞手法，如排比、押韵、对仗等，可以让你的表述更具韵律感和美感。这样，听众在听你的演讲时，不仅能更好地理解你的观点，还能享受语言的美感。

例如,在描述一个美丽的景色时,你可以使用优美的词句,来增强听众的视觉享受。

> 一大早,他就拿着他的画板和颜料,爬上村庄背后的小山丘。他的目标是画下第一缕阳光洒在大地之上的景象。他被这景象所陶醉:山峦起伏,绿意盎然,大自然的壮丽画卷在他眼前徐徐展开。
>
> 他用画笔仔细地画出山间云雾缭绕的景象,那些云雾如同轻纱一般,缠绕在山腰,营造出一种如梦如幻的氛围,好像是通往仙境的神秘通道。他的画里,山川不再是静态的背景,而是充满了生命力,它们似乎在随着云雾的流动而轻轻晃动,讲述着古老的传说……

(5) 有情感。

情感共鸣是讲故事中的关键元素。它意味着我们能够理解和分享他人的感受。在演讲中能够展现同理心和情感共鸣能力的人往往更容易赢得信任和支持。

情感体验往往比单纯的信息更容易被记住。当听众对演讲内容产生情感反应时,他们更有可能记住这些内容。并且他们更有可能积极参与演讲,从而提高演讲的效果。

情感共鸣可以建立演讲者与听众之间的信任和联系。当听众感受到演讲者的情感时,他们更有可能信任演讲者,并与演讲者建立更深层次的联系。

乔布斯在斯坦福大学的演讲也是一次经典的演讲。在这次演讲中,乔布斯通过讲述自己的经历和故事,激发了听众的情感共鸣。他讲了三个故事,第一个故事是关于串起生命中的点点滴滴,第二个故事是关于爱与失去,第三个故事是关于死亡。

乔布斯讲述了他生命的三段旅程,让人非常震撼,这就是故事的力量。

乔布斯讲述了自己被亲生父母遗弃、被苹果公司解雇等经历。这些故事引起了听众的共鸣,使他们对乔布斯的处境产生了同情心和同理心。

乔布斯还通过讲述自己的成功和失败,以及从中学到的教训,激发了听众的情感投资。听众被乔布斯的故事所感染,从而更关注演讲内容,并从中获得启发和动力。

在演讲中，通过故事激发听众的情感共鸣要注意：

讲述自己的故事要真实：真实的故事更容易引起听众的共鸣。演讲者应该讲述自己的亲身经历，或者真实发生的事件。

塑造鲜明的角色：让故事充满细节感和场景感。演讲者应该塑造有个性、有特点的角色，让整个故事有细节感和场景感。

情感共鸣和故事的力量是无穷的。只要演讲者能够善于运用这些工具，就一定能够提高演讲的效果，赢得听众的心。让我们一起探索情感共鸣和故事的力量，用它们激发听众的情感，提高演讲的效果吧！

讲故事的基本框架

（1）背景。建立故事背景，可以用一个提问来引出故事，并且介绍故事的环境、时间和地点，让听众了解故事发生的背景。

（2）冲突。引入主要冲突或问题，即角色面临的挑战，在情节中达到一个重要的转折点，通常是最激烈或紧张的时刻，这将推动故事的发展。

（3）发展。通过情节推动，展现人物遇到的挑战、变化和成长。引发情感共鸣。

通过事件推动故事，角色在面对冲突时的行动和反应。角色通常会做出重要的选择或采取行动，这将直接影响故事的结局。

（4）结果。在故事结束时，必须解决主要冲突，使角色经历的变化得到反映。冲突得到解决，角色的命运明朗化，情节得以收尾。

（5）结论。结论应当传达某种启示或反思，让听众带走思考的材料。可以是道德教训、人生哲理等。这一部分故事的寓意、教训或深层信息得以呈现，让听众思考和收获。

背景　冲突　发展　结果　结论

举例：

盲人董丽娜在《我是演说家》的舞台上讲了她的一个故事：

背景：

下面这个美好的夜晚，我特别想邀请你和我一起抛开一切的烦恼和疲惫，让自己的心。安静下来，静静地去聆听一个盲人女孩追求梦想的故事。

八年前，一个盲人女孩独自坐上了开往北京的列车。这是她第一次一个人离开家。而且面对的是一个充满了未知的未来，但是她还是毫不犹豫地独自前往了，因为这是她等了很久很久的一次机会，一次可能让她抓住梦想的机会。是的，这个女孩，就是我。

冲突：

我还记得我刚上盲校的时候才不满十岁，那个时候老师天天告诉我们说以后你们一定要好好去学习推拿，因为这将是你们以后唯一的出路。

如果有人说，你们所有人都只能做同样的一件事情，去过同样一种人生的时候，你会有什么样的感受？我真的不明白人生怎么能够刚刚开始就能够看到结局呢？我为什么不能像其他人一样去选择自己想要的生活？去做梦，如果我连做梦都不行、都不敢的话，还何谈梦想实现呢？

发展：

一个特别偶然的机会，我看到了北京一家公益机构，它可以帮助盲人朋友学习播音主持，我特别兴奋，其实那个时候我一点也不了解播音主持是什么，它需要什么样的一个素质，可是我就像抓住了一根救命稻草一样，还是欣然地放弃了所有的工作，踏上了来北京的列车，我告诉自己，我一定要有一个新的开始！

现在呢，我还能够特别清晰地回忆起第一次上播音主持课的情景。应该说那是我人生当中真正的第一堂课。当老师发出第一个声音的时候，我一下子就被他的声音吸引住了。第一次知道原来声音可以具有这么大的吸引力，而且让你觉得不舍得去触碰它，因为这些我爱上了播音，我开始拼命去练习每一个字的发音。

结果：

我终于找到了我最想要的东西，获得了一个还不错的成绩，一个二等奖。之后呢，有一位评委找到我说，我是敬一丹，你想去中央人民广播电台吗？天呐，你们知道我听到这样的话会是什么样的反应？中央人民广播电台，那是所有播音员心中的梦想，对不对？那是所有播音员心中的殿堂，对吗？所以我当然想去。

一个我特别记忆犹新的冬天的清晨，一丹老师，拉着我的手走进了中央人民广播电台的直播间。我坐到了电台的话筒前，完成了我生命中的又一个第一次。这天，我像得到礼物的孩子一样，特别兴奋，全世界都听到了我的声音。

结论：

不懂事的时候我也抱怨过命运的不公平，但是我现在不这么认为。我会觉得，命运不管如何，都不会把你逼上绝路。有时候我在想，如果我真的能够看得见的话，可能就不会像现在这样去寻找一种不一样的人生。

站在我是演说家的舞台上，通过手中的这支话筒，我特别想给所有的视障人士说一句，命运虽然给了我们一双看不见明天的眼睛，但是它并没有给我们一个看不见明天的未来，我可以接受命运特殊的安排，但是绝不能够接受命运被过早宣判，不要把自己的梦想逼上绝路，要相信你的潜能比你想象中更强大！

给大家讲一个我的故事：

背景：

有人曾经问我，爱是什么？听了这个故事你就明白了：有一次我像往常一样结束企业的培训课程，坐车前往机场，打算乘坐订好的航班返程，心中期待着回家的温馨。

冲突：

然而，命运似乎总爱在不经意间制造意外。当我抵达机场，准备搭乘预定的航班时，一条突如其来的消息让我的心情瞬间跌入谷底：由于台风的逼近，我的航班被取消了。那一刻，我真是又沮丧又无助。哎，今天是回不了家了。于是我只能找个酒店住下，并且改成第二天高铁返程。但命运似乎并未就此罢休，第二天，当我乘坐的第一班高铁顺利抵达中转站时，却得知由于台风带来的大雨，第二班高铁停运了。我心中不禁焦虑起来，那仅剩的半小时车程，此刻却让我犯了难。

发展：

我站在高铁站的站台上，望着连绵不断的雨幕，心中充满了迷茫和不安。我甚至开始考虑是否要在车站附近再找一家酒店过夜。就在我一筹莫展的时候，电话铃声响起，是我的先生打来的。他的声音透过电话线传来："是不是没有车了？我来接你。"我心中一紧，担忧地说："现在台风这么大，雨又这么急，而且你的眼睛本来就不好……"他打断了我的话，语气中带着一丝轻松："没事的，我能看清楚。我来接你，别担心。"

结果：

当先生的身影出现在高铁站的那一刻，我的心情无法用言语来形容。他的脸上混合着雨水和汗水，但那双眼睛却异常明亮，充满了爱意和坚定。我望着他，心中涌动着一股暖流，那是感动，是幸福，更是深深的爱意。

结论：

爱，并不总是轰轰烈烈，它往往隐藏在生活的点点滴滴中。它不需要华丽的辞藻来修饰，也不需要惊天动地的壮举来证明。爱，就是在你最需要的时候，有人愿意不顾一切地来到你身边，给你温暖和力量。这份朴实无华的爱，比任何甜言蜜语都来得更加真实，更加珍贵。

不断练习

演讲一定要多练习！而多练习的前提是足够重视！

我们有时候说自己没有时间，其实是不够重视。任何的忙都是因为你对这个事情不够重视，所以你以忙来搪塞。如果真的重视了，时间都是会有的。比方说等车的时候，比方说坐地铁的时候，排队的时间，这些碎片化的时间都是可以利用起来的。

不要焦虑，先干了再说。开始做不要觉得不完美，先去讲，再调整。

可以订一个时间规划，利用好一切时间。我们把每天当作一个容器，每天要做的事情当作石头，表面上看你每天都满满的，但是空隙依然存在，如果在里面放进沙子你会发现还有很多空隙。其实这就像我们合理利用碎片化时间，利用好了，你会发现时间是很多的。

平时多做内容的积累，多做输出练习，不断提高自己的能力。让自己的演讲越来越出彩！

> 行动计划：
> - 用不同的思维模型练习演讲。
> - 用给到的演讲框架练习即兴演讲。
> - 讲一个自己经历的故事。

CHAPTER 5

魅力演讲的外在表达技巧
——让你的魅力光彩夺目

魅力声音塑造：打造圆润磁性的演讲声音

魅力演讲中非常重要的一个能力就是魅力声音的塑造！魅力的声音就像美妙的音乐一样，给人以能量、舒适和愉悦！

我们在很多场合都需要运用声音。尤其是现在的互联网时代，我们需要用声音进行线上分享。可以想象一下，一个声音非常平淡的分享和一个声音有激情的分享，你更愿意去听哪一个呢？再如，我们要在舞台上呈现，这可能是一次非常重要的呈现，关系到经济效益！如果声音特别有穿透力和感染力，是否听众就会被你深深吸引？如果声音非常平淡，无法吸引听众的注意力，又何来经济效益呢？

有一次我听一个演讲，当这位女士站在舞台上的时候，每一个人都被她深深地吸引，因为她的形象气质真的非常好。当我们满怀期待地想要听她演讲的时候，她一开口却全场哗然，因为她的声音非常沙哑，她给听众的印象一下子差了很多。

声音是演讲者情感的一种表现方式，通过声音的高低、快慢、音量等变化来传达自己的情感与态度。演讲者要通过声音语调的变化，表达内心的情感，这样才能够让听众感受到他的真诚和热情。

你可能会想：声音是天生的，真的能够改变吗？是的，声音不好听也能够通过后天的训练，变得优美动听。声音塑造会让你变得更加有魅力和影响力！

练习气息，让声音有力又充沛

你是不是羡慕能够在舞台上呈现非常有力量的声音的演讲者？你是不是觉得有底气的声音是喊出来的？其实不是，如果是喊出来的，那么一个经常需要讲课的人，嗓子早就喊坏了。如果你经常用嗓，并且方法不对，就会出现声带小结、慢性咽炎之类的咽喉疾病，可见正确的发声方式非常重要。

那是如何做到的呢？要有好的气息控制，有些人气息比较弱，有气无力；有的人气息比较强，说话声音很大。

既然要做到气息控制，那么我们就要了解我们的呼吸器官有哪些。鼻、咽、喉、气管、支气管，这些都是我们的呼吸器官。但是有一个非常重要的呼吸器官，它关系到气息的起伏上升和下降，但有时候会被忽略。这个呼吸器官叫横膈膜肌。哪个是横膈膜肌呢？我们大笑的时候，抖动的肌肉就是横膈膜，大家可以找一下。横膈膜的上升和下降可以帮助我们控制气息，如果运用好我们的横膈膜肌，气息控制就会游刃有余。

正确的呼吸方式是胸腹式联合呼吸，既然要联合呼吸，那么胸和腹就要联合工作，就需要你的胸腔和腹腔同时用力。

那怎么去做呢？首先我们整个人是放松的，整个人往上挺，背部挺起来，两个脚的重心往下压，整个人像松树一样挺立，重心往下，并且放松下来。你会感觉到整个人都是放松的状态，并且很挺拔，这样的状态保持住。让我们的身体有一个支撑点，在吸气的时候，两肋打开，气息下沉、到丹田。丹田在哪里呢？肚脐下面三四个手指这个地方，此时我们的小腹是收紧的，吸气的时候，把小腹往两边撑开，你会发现丹田这个地方是坚硬的状态。

吐出气息的时候，往外呼气，缓缓地呼。小腹像吹了气的气球一样慢慢地放松，往上呼气。要注意，呼气时小腹还是保持坚硬的状态，慢慢地把气挤出来，挤的过程当中还是要保持坚硬的状态。

可以想象面前有一支蜡烛，我们对着它吹气，始终保持火苗不熄灭，并且始终保持一个固定角度。也可以吹纸条，拿住纸条的一端，然后对着它吹气，始终保持这样的角度。从而练习吐气的强弱和稳定性。

练习气息的长度可以用数枣练习：出东门，过大桥，大桥底下一树枣，拿着杆子去打枣，青的多红的少，一个枣，两个枣，三个枣，四个枣，五个枣，六个枣，七个枣，八个枣，九个枣，十个枣，十个枣，九个枣，八个枣，七个枣，六个枣，五个枣，四个枣，三个枣，两个枣，一个枣。

注意在练习的时候尽量把胸打开，丹田收紧，整个人放松。当可以一口气全部数完以后，可以再多数，比如十一个枣、十二个枣、十三个枣等，让自己越来越有力量。

平时我们在练习的时候，可以用四种不同的呼吸方式，快吸快呼——狗喘气，慢吸慢呼——闻花香，快吸慢呼——吹灰尘，慢吸快呼——吹蜡烛。这几种方式不仅可以让我们的气息越来越有力量，还可以让我们放松心情、减轻压力。

不同的演讲者如何去除声音劣势

每个人因为性格不同、工作不同，声音也会不一样。有的人性格比较强势，他的声音可能是粗犷干脆的、雷厉风行的、说一不二的。有的人的性格比较内向，他的声音可能是比较细、比较轻、比较亲切柔和的。

之前我们了解到人的性格分为四个不同的类型：第一种叫老虎型，第二种叫孔雀型，第三种叫考拉型，第四种叫猫头鹰型。

老虎型的人说话比较响亮，在讲话的时候，动不动就会非常焦躁，声音也就提起来了，而且语速很快。所以说话的时候尽量慢慢地讲，让自己能够沉下心来。保持声音平稳、语速放慢，这样就不会使对方产生压抑感。

孔雀型的人，他们非常外向，善于交流，所以说话也是非常快，他们在讲话的时候声音可能会比较尖锐，声音的位置会比较高。所以说话的时候就尽量让自己的声音往下沉，语速放慢，让自己的声音显得比较沉稳。

考拉型的人，他们温文尔雅，语速慢，声音温柔，会给人感觉非常的有信赖感，但是往往会让人感觉说话没有气势，尤其是在台上讲话的时候，轻声细语就不太能够有气势。所以要多练习气息，让气息能够支撑自己的声音，使声音更加浑厚一些。

猫头鹰型的人，他们说话的声音会带有质疑感，而且有些不屑于别人的感受，给人很冷漠的感觉。所以需要注意的是这类型人的声音应尽可能地具有亲和力，慢条斯理一些，融入情感。

让演讲声音好听又不累

(1) 打开口腔，让声音优美动听。

我们的声音可以在保留自己原生态声音的基础上进行优化，怎么优化呢？其实是可以分为四步走。

第一步，提颧肌。我们来找一下哪个是我们的颧肌。颧肌是我们的笑肌，在颧骨处的两块肌肉。既然是笑肌，那是用来微笑的。颧肌上提，笑容是展开的。而一旦笑容展开，口腔也会圆润，声音也会变得不一样。

第二步，打牙关。顾名思义就是打开牙关，通过我们的牙关运动使上颚提起来，上颚中间部分也随之抬起来了。想象一下，前面有一个苹果，我们来咬一下这个苹果，咬苹果的感受就像打牙关一样，在咬苹果的过程中，是不是能找到这样一种上颚被提起来的感觉呢？

第三步，挺软腭。软腭在哪里呢？我们口腔后部那块软软的就是我们的软腭。平时我们不说话的时候，软腭是软软的，所以叫它软腭，那挺起来以后你就会发现软腭变硬了，软腭挺起来后说话声音也会不同。

那怎么样才能把软腭挺起来呢？我们可以打一个哈欠，这样是否感觉到软腭有往上挺的感觉？软腭一挺，口腔空间会变大。感觉到里面可以放一个鸡蛋一样。也可以倒吸一口凉气，想象我们看到一件让自己很震惊的事情，或者很害怕的样子，大家试一试，这样是否软腭有挺起来的感觉？

第四步，松下巴。为什么下巴要松下来呢？如果下巴松下来，你的嘴皮子会更加利索，你的整个口腔就会变得更加灵活。如果你不松下巴，你的下巴是紧张的，你的表达就不是那么游刃有余。

那下巴怎么松呢？用你的手握住下巴，如果可以自由移动，而不是靠本身下巴移动，就是松下巴了。大家可以试一试。

> 练习：
> 打开口腔，可以去练习发"wa"音。
> 娃娃看见一只蛙，吓得赶紧找妈妈，妈妈看到这只蛙，哇哇喊着赶跑它。

(2) 气息往前，声音饱满又不累。

要让演讲的嗓子长时间不累，有一个方法：尽量让我们的气息往前。具体来说就是尽量不要让气息冲击喉咙，而是让气息往口腔前部走，可以找到一条抛物线。

尽量多发"ai、ang、ao"这几个音。当我们气息靠前的时候，我们声音就变得圆润很多。

在一次线下上课的时候，我让学员说"我好漂亮"（里面有这几个音），一开始他们都害羞不敢说，而且偷偷笑，后来经过训练和一对一指导，他们大声地说"我好漂亮"，不知不觉中声音变得好听圆润了，而且人也更自信了！

创设气息氛围，让表达游刃有余

不同的气息可以创设不同的氛围：当你听到"急促"两个字时，你会想到什么？感觉很紧张对吗？比方这句话：**看，那里出现了两个人，这两个人是谁呢？他们为什么在门口徘徊？他们想干什么呢？**是不是给你很紧张的感受？

再举个例子，当你看到这两个字，"柔美"，你会想到什么？美、婀娜、温文尔雅，对吗？比如《你是人间四月天》中的片段：我说你是人间的四月天，笑响点亮了四面风；轻灵，在春的光艳中交舞着变。你是四月早天里的云烟，黄昏吹着风的软，星子在无意中闪，细雨点洒在花前。那轻，那娉婷，你是，鲜妍。……

是不是非常柔美？

轻快的气息：美丽婉约如风景，芬芳明媚且安恬的时光，浅笑于岁月之巅，静静放牧着心灵，追赶那份最原始的纯真。这个感觉是非常轻快的。

气息微弱：张队长，不要给我了，不要再浪费粮食了，留着给别人吧，我快不行了，你们吃完了，一定要走出这片草地去……

又比方说这段气息激昂：

怒发冲冠，凭栏处，潇潇雨歇。

抬望眼，仰天长啸，壮怀激烈。

三十功名尘与土，八千里路云和月。

莫等闲，白了少年头，空悲切！

大家是不是发现了不同的气息氛围，它所传递的情感内容是不一样的。所以在演讲中，用气息创设不同的氛围，我们的演讲才能感染听众。

平时的演讲，气息控制也很重要，例如会议类的演讲，气息相对平缓。这个平缓不像第三人称转述的新闻稿那么平，但是表达自己内心的想法，有自信、有重音，声音表达沉稳自信，让听众对你有一种信任感，并且自然而然地让听众对你有一种尊重感，不像晚会主持那么激昂，避免太多的抑扬顿挫，但重音、停顿铿锵有力，体现自信，让听众主动有购买或者签署合同的意愿。

比如：各位领导，各位同事，大家下午好，今天我组织大家开这个会，是想和大家探讨一下我们在近几个月当中大家的表现。

而晚会主持之类的演讲气息是激昂、控场的，在台上的时候就需要我们有底气、抑扬顿挫，控住整个场。需要声音有一种抑扬顿挫的起伏感，用气息支撑你的声音，让你的声音真正达到一种感染力。

举个例子：尊敬的各位领导，亲爱的朋友们，大家晚上好！在公司领导的关心和支持下，在优美的旋律和美妙的歌声陪伴下，我们相聚在一起，共同参加集团的年终盛典。愿在座的各位都能度过一个温馨难忘的夜晚！

这段话就是应该用激情四射的气息氛围来呈现！大家可以试试。

运用共鸣腔，让演讲有对话感

我们整个人体像是一个大音箱，头腔、鼻腔、咽腔、喉腔、口腔，都像这个大音箱的共鸣器。

头腔声音尖、有张力；鼻腔声音有点扁扁的；咽腔像少女的声音一样；喉腔的声音是比较往后的，像老人的声音；胸腔是比较低沉的；口腔是圆润的。

比方说唐僧师徒四人，孙悟空性格比较急躁，所以他的声音就比较尖；唐僧声音比较柔和，比较安稳；猪八戒，给人感觉有些鼻音，挺可爱的；沙僧的声音比较低沉，给人感觉比较憨厚、稳重。这是因为共鸣腔位置不一样。

那这几种声音怎么去表现呢？

我们平时在沟通过程中用的最多的是口腔的共鸣，口腔的共鸣的声音是动听悦耳、圆润的、浑厚的，适于平时演讲的普通的表达。而头腔的共鸣适合在一些大型场合做主持。胸腔共鸣就是声音慢慢低沉下去，让声音往下，喉头放松，男士较多会用到胸腔共鸣，因为声音比较浑厚，比较适合沉稳的演讲。

咬字清晰，让表达游刃有余

如果咬字不清晰，演讲中可能会引起很多不必要的麻烦。有一位演讲者，他讲述了自己遇到的事情：有一天他来到了集市上，有一个人在大声叫"'留念'要吗？'留念'"。台下的人正在想，是什么东西让他要留念，接下去肯定是让他去拍照，后来才知道原来他说的是榴莲。咬字不清晰就会造成这样的误会。

因为咬字不清晰而造成的误会，演讲者要通过很多的表达才能把这种误会纠正，既浪费了时间，也浪费了精力。所以要做好演讲，表达清晰很重要。

(1) 四声调要发准。

我们有四个不同的声调，阴平、阳平、上声、去声，阴平的调值是55，阳平的调值是35，上声是214，去声是51，每个声调要发准。

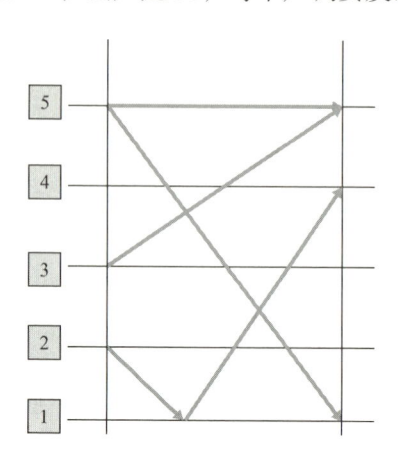

(2) n—l 不分有方法。

很多的演讲者,有一个困惑就是经常 n—l 不分,演讲的时候 n—l 不分可能会影响演讲效果。

当我们发 n 的时候,我们的舌尖是顶住我们的上齿龈的,而 l 是顶在硬颚前部的,所以舌尖的位置 n 靠前一些,l 靠后一些。现在一起用舌头来找一下位置,首先找到上齿,再往后,到上颚前部。

(3) 乡音重这么改。

演讲的时候有乡音,可以多听标准发音的音频,尽量去模仿标准发音,多练习绕口令。

八百标兵奔北坡,炮兵并排北边跑,炮兵怕把标兵碰,标兵怕碰炮兵炮。

白石塔,白石塔,白石搭白石,搭了白石塔,白塔白又大。

这样练习会让我们口腔的力度越来越好,平时尽量说话慢一些,尽量打开口腔去说话,不要语速过快,多练习普通话的平舌音和翘舌音等。

声音充满感染力

让声音有感染力,有一个方法叫作跟唱随诵。什么是跟唱随诵呢?就是跟着音乐进行朗诵,朗诵的时候不要读的比唱的快,要读的比唱的慢,在音乐的韵律下,练习声音的情感和节奏。

那一天

作词:仓央嘉措

作曲:白龙

演唱:降央卓玛

那一日闭目在经殿香雾中

蓦然听见是你颂经中的真言

那一夜摇动所有的经筒

> 不为超度只为触摸你的指尖
>
> 那一年磕长头匍匐在山路
>
> 不为觐见只为贴着你的温暖
>
> 那一世转山转水转佛塔
>
> 不为来世只为途中与你相见
>
> 那一瞬我已飞
>
> 哦飞成仙
>
> 不为来世只为有你
>
> 喜乐平安
>
> 那一瞬我已飞
>
> 不为来世只为有你

你跟着旋律来进行朗诵。久而久之，你会发现，你的韵律感自然而然地产生了，而且整个人都融入这首歌的情感氛围中，整个人都被深深地吸引住，烦恼和疲惫都放下来了。

其实我们的声音是可以改变的，就像一颗钻石原矿石，经过不断地雕琢，才会变成璀璨的钻石。

平时可以跟着自己喜欢的歌曲进行跟唱随诵，久而久之，你就会做到演讲时有感染力。因为音乐的旋律，它有非常好的带入感。你跟着音乐进行朗诵，你的情感就会自然而然融入其中。养成这种说话的习惯，你会发现，你会发生蜕变！

去除口头禅，表达更流畅

你说话有口头禅吗？口头禅是指在日常交流中频繁使用的词语或短语，这种语言习惯可能会影响到我们的语言表达和沟通效果。

在正式演讲场合，过度使用口头禅会给人留下不专业或者不自信的印象。因此，改变口头禅的习惯对于提高语言表达能力和提升个人形象至关重要。

比如"嗯""啊""这个""那个"等，这些口头禅都会影响语言表达和沟通效果。是否很想改变？又如何改变呢？

分享以下三个方法，可以大大提高语言表达的流畅度和准确性。

(1) **放慢语速**。当我们说话过快时，思维跟不上语言，容易出现口头禅。因此，放慢语速可以让我们更好地控制语言节奏，减少口头禅的使用。

此外，放慢语速也有助于提高语言表达的清晰度和准确性，让听众更容易理解我们的意思。在日常交流中，可以有意识地放慢自己的语速，逐渐减少口头禅的使用。

(2) **停顿**。当脑海中出现"嗯""啊"等口头禅时，可以停顿一下，让思维跟上语言。这样可以避免不必要的口头禅，提高语言表达的准确性和流畅度。在演讲或者正式场合中，合理的停顿不仅可以让我们更好地组织语言，还可以增加语言表达的节奏感和力度，给听众留下深刻的印象。

(3) **录音**。准备一小段演讲，录音后标记出现的口头禅，然后重新练习进行录制，不断反复，逐渐减少口头禅的使用。通过录音回放和自我评估，我们可以更好地发现自己的口头禅，并且在练习中逐渐改变这种习惯。此外，可以邀请朋友或者同事帮助评估，从外部的反馈中获取更多的改进建议。

除了以上三个方法，多听别人的演讲、阅读优秀的文章等方式也可以帮助我们提高语言表达能力，避免使用口头禅。通过向优秀的演讲者学习，学习他们的语言表达技巧，我们可以更好地理解如何避免使用口头禅，提高语言表达的水平。

总的来说，改变口头禅的习惯需要慢、停、练。通过不断地练习和调整，我们可以逐渐提高语言表达的流畅度和准确性。

只要我们坚持不懈地练习和调整，就能够改变自己的口头禅习惯，提高语言表达能力，提升个人形象，展现出更加自信和专业的形象，为自己的职业发展和个人发展打下坚实的基础。

魅力形象：塑造惊艳全场的个人形象

演讲者的形象是魅力演讲中非常重要的一项，因为形象是作为表达者的必备素养！一个演讲者要展现自己的魅力状态是和自己的形象息息相关的，我们的表达如果叫作"言值"的话，那么形象就是"颜值"。

高颜值和高言值同样重要：颜值和言值之间存在着一种相互作用的关系，共同塑造了良好的第一印象，给人一种积极、自信和有魅力的形象。两者是互相影响、相互关联的，通过提升表达能力，我们能够展示更好的自己，给人留下良好的印象。而良好的形象展现也让我们更加自信从容，从而提升表达力。言值和颜值互相促进、互相影响，让我们都能展现出更好的自己。

那么魅力形象包含哪些呢？

展现良好的表达仪容

（1）面部。

女士妆容整洁得体，以淡雅庄重为宜，体现自然大方、优雅得体。大家会感受到你由内而外散发出来的这种魅力状态。

对于男士而言，首先鼻毛不外露，而且胡须剃干净，脸上无污垢，必要时是需要化淡妆的。

有时候我们会有一个误区：觉得男士不需要化妆，其实并不是。男士化妆会提亮肤色，使自身形象更加精神饱满！

（2）发型。

在非常正式的演讲场合中，我们建议演讲者把头发盘起来，不要留刘海，如果有刘海也要往边上梳。

有一个很重要的口诀，叫作前不压眉，侧不掩耳，后不及领。什么意思呢？

就是你前面的头发不要压住你的眉毛，男士和女士都是一样的。侧不掩耳，就是你的头发不要遮住你的耳朵。女士如果是披发，也放在耳朵的后面。如果是短发，就不要碰到你后面的衣领。

展现良好的表达仪表

(1) 服装着装原则。

着装原则有一个 TPOR 原则。

- T：(time) 时间：比如，冬天和夏天时间不一样，穿的衣服也是不同的。
- P：(place) 地点：我们在工作场合中的服饰和休闲场合的服饰是不一样的。
- O：(occasion) 目的：你所要呈现的是什么样的目的？是谈判，还是演讲。
- R：(role) 角色：不同的角色，服装是不同的，职场基层、职场高管、总裁，角色不一样，服饰也就有所不同。

如果我们在正式的场合演讲，一般会选择职业装。职业装要美观大方、精致和得体，一定要适合自己的。

在一次上课的时候，我举了一个形象在演讲中的重要性的例子：杨澜在北京申奥的演讲当中，穿了一件红色的外套，里面是一件白色底的旗袍。旗袍是具有中国特色的服饰，她穿着旗袍，向全世界展现了中国的文化底蕴。她外面穿着红色外套。红色象征的是热情、自信、从容，还有胜利，所以说非常符合这个场合。所以，我们在选择服饰的时候也要选择合适的服饰。

(2) 不同场合服装的色彩搭配。

服装的色彩搭配是展现魅力形象的重要一项！它可以为表达者的形象增添魅力、展示个性，并传达出特定的情感和信息。正确的色彩搭配可以让我们看起来更加时尚、自信和专业。

颜色是自带情感的。不同的颜色会引起不同的情绪和联想，色彩情感可以帮助我们选择适合场合和个人形象的服装色彩。每一种颜色，它所传递的情感是不一样的。

红色	热情的生命活力、健康、热情、积极、希望和喜庆
蓝色	沉静、冷静、理智、深邃、内敛、寒冷、信赖
绿色	和平、理解、年轻、健康、安全、清鲜和清爽、生机勃勃
黄色	活泼、希望、光明、明朗、醒目
紫色	神秘、高贵、优雅、女性、古典
黑色	冷静、严肃、高贵和神秘
白色	纯洁、神圣、明快、清洁和平

每一个颜色，它所代表的是不一样的情感色彩。而这种情感色彩其实也是你向听众传递的内在情感，会让你更加具有绽放的魅力。

在正式场合的演讲，如商务会议，应选择经典的中性色彩，如黑色、白色和灰色。这些色彩会给人一种专业和正式的印象。

在休闲场合的演讲，如朋友聚会，可以选择鲜艳和活泼的色彩，如红色、橙色和蓝色。这些色彩会给人一种轻松和愉快的感觉。

在创意场合的演讲，如艺术展览或时尚派对，可以选择大胆和个性的色彩搭配，如紫色、绿色和粉色。这些色彩会给人一种前卫和有创意的形象。

(3) 不同肤色适合不同的服装色彩。

四季色彩理论可以帮助我们选择适合自己的颜色。

什么叫四季色彩理论呢？

不同肤色的人，适合不同的颜色，把肤色色调分为四种不同的类型，用春、夏、秋、冬四季来呈现。春天给人的感觉是绽放，夏天给人的感觉是静谧，秋天给人的感觉是丰收，冬天给人的感觉是寒冷。所以可以分为四种不同的类型：春季型人、夏季型人、秋季型人和冬季型人。这叫作色彩四季理论。

那么色彩四季理论究竟如何去辨别呢？

可以看你的头发的颜色和你的肤色，是偏暖色还是偏冷色？可以看一看你适合银色还是金色，适合金色是暖色调，适合银色是冷色调。之后可以用暖色的深色和冷色的深色，以及暖色的浅色和暖色的深色的布料和你的脸进行比对，看看哪个更适合你，从而确定你是哪一类型的人。

于是得出适合自己的颜色。

- 春季型人适合暖色调的浅色。
- 夏季型人适合冷色调的浅色。
- 秋季型人适合暖色调的深色。
- 冬季型人适合冷色调的深色。

选择与肤色相协调的服装色彩可以提升整体形象。那么选择好颜色之后应如何进行搭配呢？

（4）服饰搭配的原则。

①色彩搭配技巧。

色彩有明度和饱和度：明度指色彩的明暗程度，饱和度指色彩的纯度。明度高的色彩会更加醒目，适合突出服装的重点。而饱和度高的色彩则会更加鲜艳，适合营造活泼和时尚的形象。

我们可以根据色盘上面的颜色进行搭配。

- 同类色搭配：选择同一色系不同明度和饱和度的服装进行搭配。这种搭配简单而经典，适用于各种场合。
- 邻近色搭配：选择相邻的色彩进行搭配，如红色和橙色、蓝色和绿色。这种搭配可以营造出柔和和谐的效果，适合用于创造温暖和舒适的形象。
- 对比色搭配：选择色彩圆环上120°颜色进行搭配，这种搭配可以营造出丰富多彩的效果，适合用于个性鲜明的场合。
- 互补色搭配：选择位于色彩圆环上互相对立的两种颜色进行搭配，如红色和绿色、黄色和紫色。这种搭配可以产生强烈的对比效果，非常适合用于突出服装的亮点。

所有的色彩搭配都要注意色彩的面积和饱和度，不能显得色彩繁杂。

对比色　　同类色

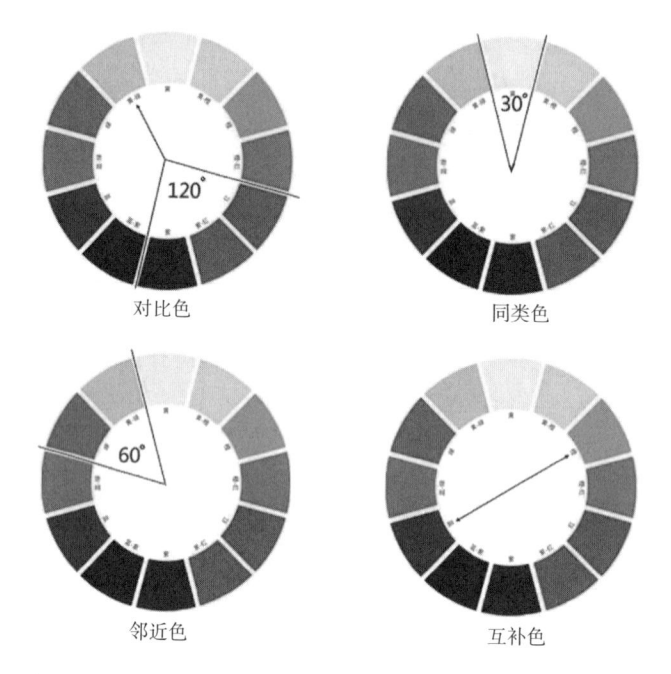

邻近色　　互补色

②搭配比例。

服装的搭配符合60%的主色、30%的中性色和10%的强调色。主色是什么？就是搭配当中占比最高，适合你的，或者是你喜欢的颜色。比方说你的长外套的颜色、大衣的颜色等，这些都是属于你的主色，主色可以是中性的颜色，也可以是有彩色。

比如，一个人穿了一件粉红色的大衣。那主色就是粉红色。如果有一个内搭，内搭是红色的，这个内搭就是30%的中性色。那么10%的强调色就是点亮的颜色。举个例子，一个人戴了一条红色丝巾。这个就是强调色。

中性色是什么颜色？是饱和度比较低的，看上去不太显眼的颜色。比如，黑色、白色、灰色，以及一些不太起眼的有彩色。

强调色的颜色是提亮的。比方说黄色、绿色、蓝色、红色，这些都是提亮的颜色。

搭配的时候注意"三色一花"，从上到下不要超过三种颜色和一个花色。如果从上到下有一个花色，就不能有第二个花色了。如果你的丝巾是花色的，你的腰带就不能是花色的了。

③灵活运用配饰。

如果你要去参加一个非常重要的演讲,穿职业装。职业装大多是中性色的颜色,如果没有其他颜色在里面,你会不会感觉比较单调?

那怎么提亮呢?可以加一个胸针,这就增添了亮点,就是强调色。

戴上项链配饰也是一个非常好的方法,对于首饰佩戴有四个原则。

改进前

改进后

- 符合身份,符合年龄和职位。
- 以少为佳,配饰简单大方。
- 同质同色,上下的配饰同一个质地和颜色。

- 符合习俗，符合当地的习俗。

还可以配上丝巾，整个人气色就被提亮了，丝巾的搭配也是有原则的。

- 单色的服装要配花色的丝巾。
- 花色的服装配单色的丝巾。千万不要花色配花色。
- 如果花色配花色，一定要选择统一的花色。
- 单色丝巾配单色服装的话，色彩符合就可以了。
- 丝巾中的一个花色和上衣的颜色呼应，也会很有高级感。

④**男士西装的搭配。**

男士的着装也很重要。

三色一花：三种颜色和一个花色。如果你的领带是花色的，那就不能再有其他的花色了。

三一定律：皮带、公文包、皮鞋一个颜色。

三大禁忌：西装衣袖商标没有摘掉就穿了，或者是西装与皮鞋不匹配，或者是穿西装不打领带，都是禁忌的。如果你穿西装就要打领带。穿衬衫不打领带的话，就把衬衫最上面的扣子解掉。

纽扣：西装一粒扣的话扣不扣呢？正式的场合扣起来，平时的时候可以不扣。两粒扣呢？平时休息的时候可以不扣，但如果是很正式的场合只扣上面那一粒。为什么呢？因为如果两粒都扣，很多男士有啤酒肚。如果他一坐下来，啤酒肚一撑是不是特别难看？所以两粒扣只扣上面一粒。三粒扣呢？扣上面两粒，或只扣中间一粒，或都不扣。平时休闲的时候都不扣，如果你上台演讲，就扣上面两粒，或者只扣中间一粒。

注意点：如果穿西装，一定要把衬衫拴在裤内。领子能够放进一个手指。穿衬衫不戴领带的，就把衬衫上面这一粒扣解掉。衬衫的袖子要比西装要露出一点的，演讲的时候不要穿白色的袜子。

不要觉得我们的表达和我们的形象是相脱节的，形象不仅能让我们建立良好的表达印象。让表达更加绽放，使整个人的状态变得更好。而且恰当的着装也是尊重自己和他人，更好地体现个人魅力，塑造专业形象，从而获得良好印象的有效手段。

良好的表达形象也体现着我们自己的内在魅力。当我们由内而外展现自己的魅力时，你整个人的表达状态就会完全不一样。

展现良好的表达仪态

在一场成功的演讲中，肢体语言扮演着至关重要的角色。演讲者的肢体语言可以帮助其传达出自信、充满激情和真诚的形象，增强演讲的表现力和说服力。通过恰到好处的手势、生动的表情、自信的站姿，演讲者能够吸引听众的注意力，传递出积极的能量，让演讲更加生动。

此外，肢体语言还可以帮助演讲者更好地引导听众的注意力和情感，强调关键信息，增强情感共鸣。一个自然、富有表现力的肢体语言不仅可以提升演讲的效果，还能够使听众更容易接受和理解演讲的内容，建立更深入的联系。因此，在准备演讲时，演讲者应该注重肢体语言的细节和表现，通过自信的站姿、自然的手势、生动的表情等方式，与言辞相得益彰，展现出一个充满魅力和说服力的形象，从而让演讲更加生动，给人留下深刻印象。肢体语言与演讲内容相辅相成，共同构筑起一场令人难忘的演讲体验。

（1）自信从容地走上舞台。

演讲礼仪是一种自律，它内化于心、外化于形。

展示出良好的礼仪细节，可以让演讲者更具信心、魅力和影响力，从而与听众建立更紧密的联结。

走上舞台的过程中，保持仪态端庄和落落大方，步姿稳健、身体挺直，展现出自信和从容的形象。如果是从舞台侧面走上台，不要只看前方。上舞台可以脸朝向听众微笑，始终保持微笑，并通过眼神交流表达对听众的亲近和尊重之意。或带有一些优雅的动作，例如，轻微点头或优雅地挥动手臂，展现出一种舒缓而有韵律感的步态。自信地走到中间的时候站定，转向听众，并且鞠个躬，可以是15°鞠躬。同时与主持人进行简短但有意义的眼神交流。双手接过主持人的话筒，始终保持微笑，镇定后开讲。

通过注意这些细节和技巧，演讲者可以展现出更加专业和优雅的形象，赢得听众的青睐和尊重，从而为演讲的成功打下坚实的基础。真诚地展现礼仪和尊重，将带来更加深入的沟通与共鸣，让演讲更加生动。

(2) 在舞台上建立良好的第一印象。

演讲者的肢体语言和言辞应该相互呼应、互相衬托。身体姿势、手势、眼神等肢体语言的运用要与所表达的内容相匹配，增强表达力和说服力。

站姿：给大家分享一个口诀，大家就知道应该如何站了。上挺下压左右相夹，平立等肩宽。什么意思呢？上挺是腰背挺直、身体挺拔，千万不要驼背、含胸蜷缩；下压是两个脚的重心往下压；左右相夹是两个肩往下夹；平立等肩宽是女士脚的外侧与内肩同宽，男士脚的外侧与外肩同宽。是不是整个人的气场不一样了呢？

平时可以九点靠墙练习：脚跟两点，小腿肚两点，臀部两点，肩胛骨两点，头部一点。大家持之以恒，就会练就挺拔自信的身姿！

眼神：眼神和听众有良好的互动。并且要平视，正视和直视，不要俯视、逼视、虚视，不飘忽、不躲闪；并且有几个关键字：触、罩、贴。触：触一眼，照一脸，贴全身；触一人，照一片，贴全场！以点带面，用眼神交流。

表情：展现自信和从容的微笑。微笑是我们非常重要的工具，让听众感受到亲和力和自信。

手势：手势有四句话：出手不收手，贴词不贴句，左右不交叉，上下不越界。什么意思呢？

出手不收手：当我们的手出来的时候，不说三句话，就不要收回。手出来的时候，我的脸朝向一边，我的手展起来在另一边，我的气场就建立起来了，整个场就被我控住了。

贴词不贴句：手出来的时候贴在最后一个词上，不是句子上。比如，"让我们一起团结起来吧！"那我们的手应该在什么时候出来呢？如果你边说这句话边出来，手是软绵绵的，没有气势。贴在词上，"起来"同时出手，是不是感觉有力量多了？

左右不交叉：两只手不交叉，是开放的姿态。

上下不越界：始终保持在腰线以上进行活动。

当我们用不同的手势呈现动作的时候，给人的感觉是不一样的。

我们的手掌向下，就是一种在制止、掌控的感觉。我们的手掌向上，听众会觉得有一种向上的力量，或者是在邀请的感觉。我们握紧拳头，给人一种力量感。灵活运用手势让你的演讲游刃有余。

拿麦：话筒不要拿的太高，如果太高就会让人感觉是歌手，那怎么拿？三指拿下，三个手指拿住话筒，哪三个手指？拇指，食指，小拇指。另外两个手指轻搭在上面，这样的拿麦姿势是不是很得体？

魅力呈现：让你的演讲绽放光彩

PPT 呈现

在进行公开演讲或学术报告时，演讲者经常会利用PPT（PowerPoint）作为一种有效的视觉辅助工具，以增强信息的传达效果，使听众能够更加直观地理解和记忆演讲内容。通过精心设计的PPT，演讲者可以展示关键数据、图表、图像和重要概念，从而吸引听众的注意力，提高演讲的吸引力和说服力。此外，PPT还可以帮助演讲者组织思路，确保演讲内容的逻辑性和连贯性，同时也为听众提供了一个视觉焦点，有助于维持他们的兴趣和参与度。

（1）PPT 呈现的原则。

要有可读性：PPT应该让听众易于理解并能抓得住重点，有助于准确地传递信息，并让听众领会内涵。所以表述的时候要概念化地表述，不要一大段文字，让人抓不住重点。

产生审美的愉悦：一张令人过目难忘的PPT应该是吸引人的，让人感觉愉悦。尽量少字多图，整个版面颜色不要太繁杂，搭配不要太乱，排版要整齐。

激发听众的兴趣：PPT要能激起听众参与的热情和兴趣，能够引起听众的共鸣。所以文字和图片要合理配合，并且用动画一层层呈现。

(2) AI 助力 PPT 呈现。

在 AI 技术的助力下，制作 PPT 已经不再是烦琐、耗时的工作。现在有多款 AI 工具能够帮助用户快速生成 PPT，这些工具通过智能算法理解用户的需求，提供丰富的模板和设计元素，自动优化内容布局，并增强视觉效果，从而大幅提升 PPT 制作的效率和质量。

在当今快节奏的工作环境和数字化时代下，PPT 的制作已经成为一个不可或缺的技能。无论是在企业会议、学术报告还是产品推介中，一份精心制作的 PPT 都能够有效提升信息传递的效率和质量。随着人工智能技术的发展，现在有多种工具可以帮助我们快速、高效地制作出专业级别的 PPT。

首先，我们可以通过一些智能化的 PPT 制作工具，如 ChatPPT、讯飞智文、WPS Office 等来简化和加速 PPT 的制作过程。这些工具通常具备以下特点：

①AI 内容生成：用户只需输入主题或关键信息，AI 就能自动生成 PPT 内容，包括文本、图表和布局等。

②多格式支持：支持从 Word 文档、XMind 脑图等多种格式直接生成 PPT。

③智能美化：提供页面级和元素级的美化设计，包括字体、颜色、背景等。

④动效生成：智能动画引擎，一键生成动态效果，使 PPT 更加生动。

⑤演讲稿辅助：AI 根据 PPT 内容生成演讲备注，帮助用户准备演讲。

⑥多语言支持：支持多种语言的文本生成和翻译，以适应不同国家和地区的需求。

例如，ChatPPT 是一款基于人工智能技术的 PPT 制作工具，它能够通过自然语言处理技术理解用户的意图，并自动生成符合要求的 PPT 内容，与用户通过简单的对话描述来生成所需的 PPT 文档或页面。ChatPPT 还支持多文档生成 PPT，如 Word、XMind、Markdown 等格式，以及 AI 美化 PPT、AI 动效生成、AI PPT 演讲等多种功能，极大地提高了工作效率和演示的专业度。

科大讯飞推出的讯飞智文则是一款基于星火认知大模型的 AI PPT 生成工具，它能够通过输入一句话或者添加要演示的文稿来一键生成 PPT。讯飞智文的主要功能包括主题创建、文本创建、PPT 文案优化、演讲备注及内置多种模板等，这些功能可以帮助用户快速生成内容精炼且设计精美的 PPT。

另外，WPS Office 也提供了将思维导图导入 PPT 的功能，用户可以通过

WPS Office 的脑图工具创建思维导图，并将其直接转换为 PPT，从而快速构建 PPT 的框架和内容。

总的来说，这些智能化的 PPT 制作工具不仅能够帮助用户节省大量的时间和精力，还能够提升最终 PPT 的专业性和吸引力。随着技术的不断进步，我们可以预见，未来的 PPT 制作将变得更加智能化、个性化。所以我们完全可以把这些交给它们来做，而我们可以省下更多的时间来做内容的打磨，让演讲变得更有效率。

视频呈现

有时候我们要增加演讲的感染力，会用一些短视频来增强演讲的呈现效果。使用短视频，会更加直观，视觉冲击力也更强。我曾经辅导一位医学专家演讲者，她要参加自闭症儿童的行业分享。她就是用了视频来贯穿始终。她讲的主题是：作为身边的人，如何辅导自闭症儿童成长。她用了三段视频来贯穿始终，第一段开场视频：妈妈看到孩子的样子，对孩子的无奈。第二段视频：妈妈的改变对孩子的影响。第三段视频：妈妈的爱最终让患有自闭症的孩子康复。每个阶段的变化，都是用一个视频来呈现，比单纯地讲效果要好很多。通过演讲和视频结合，她的演讲获得了第一名。

运用道具

运用道具可以让演讲更加生动形象。哪些道具可以用呢？可以用和主体相关的道具，比如一些小物件，或者引起听众兴趣的东西都是可以用的。

很多名人演讲的时候也会用到道具。

有一次，陶行知先生在武汉大学演讲，走上讲台，他不慌不忙地从箱子中拿出一只大公鸡。台下的听众全愣住了，不知陶先生要干什么。陶先生又掏出一把米放在桌上，然后按住公鸡的头，强迫它吃米，可是公鸡只叫不吃。他又掰开公鸡的嘴，把米硬往公鸡的嘴里塞，公鸡拼命挣扎，还是不肯吃。陶先生松开手，把公鸡放在桌子上，自己退后，公鸡自己就吃了起来。陶行知先生这才开始演讲：我认为，教育就跟喂鸡一样，先生强迫学生去学习，把知识硬灌输给他，他是不情愿学的，即使学也是食而不化。但是如果让他自由地学习，充分地发挥他的主观能动性，那效果一定会好得多！台下掌声雷动，为陶先生形象的演讲开场叫好。

我们演讲的时候可以就地取材作为道具。比如自己的手，也可以成为道具。有一次我在演讲的时候，我就用我的手做了道具。

当时我讲持之以恒的重要性。我让大家把两个手相互交叉，问：你是左手拇指在上还是右手拇指在上？他们回答后，我让刚刚左手拇指在上的换成右手拇指在上，右手拇指在上的换成左手拇指在上。反复7次之后，发现一开始比较别扭的状态变得不别扭了，从而大家感受到持之以恒的重要性。

所以用好道具会让你的演讲事半功倍。

游戏呈现

游戏是一个很好的信息传递工具。通过设计与演讲主题相关的游戏，可以更直观、具体地向观众传达想要表达的信息，增加信息的可视化和互动性。通过与观众互动，让他们积极参与游戏环节，可以使演讲更加生动有趣，让观众在轻松愉快的氛围中学习并记住相关信息，帮助观众更好地理解主题，并在参与游戏的过程中加深对内容的印象和记忆。

在严肃的演讲场合中适当引入游戏元素，可以打破僵硬的氛围，增加现场气氛的活跃度，让观众更轻松、愉快地接受演讲内容。游戏也能让观众亲身体验团队合作的重要性，增强他们的团队意识和协作能力。当然，需要根据演讲主题和观众群体的特点来选择合适的游戏形式，确保游戏与演讲内容有机结合，达到预期的效果。

有时候我们会做这样的一个游戏：把两只手并拢展开，然后交叉，再转过来，用交叉的食指夹住鼻子，这个时候会轻易地打开。有些伙伴打不开，我就会跟大家说："为什么我们不能打开？因为我们有一个细节不对。"经过修正，大家都能打开。从而引出我的演讲内容：我们做任何事情都要方向正确。如果没有正确的方向，我们再努力也是达不到最终目标的。这就是用游戏来进行知识经验演讲内容的呈现，效果也是显而易见的。

临场控场

在许多演讲会上，听众开小差是常见的事，如看手机、瞌睡或聊天，这些情况会严重影响听众听讲的效果，同时也会影响演讲者自身的演讲情绪。听众兴趣和注意力受影响的原因有很多，有主观方面如内容枯燥无味、演讲者表达有误等，也有客观方面如会场环境欠佳、缺乏扩音设备、会议时间过长等。遇到这些情况，演讲者务必要学会控场，及时调整自己的演讲内容和方法。

(1) 找不同角度。

控场就是找到合适的角度然后展开说法。有个故事，古代有个员外，这个员外请唐伯虎来参加他母亲的贺寿仪式，并请唐伯虎作诗一首。唐伯虎第一句就来了："这个婆娘不是人！"员外一听，可生气了，"我是来让你给我做寿的，怎么是过来砸场子的呀？"唐伯虎不紧不慢："且慢，请听下一句：九天仙女下凡尘！"角度一变，意思完全就不一样了。唐伯虎又来了第三句："三个儿子都是贼！"这下员外不生气了，等他下一句，"偷来蟠桃献母亲。"你看是不是四句话其实是有两个转折在里面？所以平时我们也要找到合适的角度，做好控场。

(2) 应对突发状况。

我们演讲难免会遇到一些突发状况，要实现控场，我们应该如何做呢？

自身失误。 如果是自身失误，有些是可以自己把它圆过来的。比如：我们这个月的业绩目标是8000万元，但是我却说成了5000万元，怎么办呢？如果你说不好意思，我数字说错了，那是不是让人觉得你一个领导对部门的业绩都会说错，看来不重视啊，那怎么办？停顿一下，然后自己圆过来。5000万元。是5000万吗？5000万就够了吗？当然8000万才够。所以有时我们遇到一些自身失误，我们可以运用提问、停顿的方法圆过来。这不仅可以让你自圆其说，而且让你的话更加发人深省。

忘词。 如果忘了演讲稿上的词，可以通过框架，用自己的语言填进去。如果是一些诗句你忘词了，你说上一句的时候忘记下一句了，怎么办？可以让听众回答。那如果听众也不知道呢？你也可以把它圆回来。怎么圆？"成年人善于遗忘！耳熟能详的语句，到了嘴边却想不起来，这就应证了一句话，准备比资历更重要！"

设备故障。这个时候千万不要紧张，因为紧张只能让你更加难堪。你要知道设备故障，只是你的一个小插曲。设备只是你的辅助工具，主体还是你自己。把准备好的内容按照逻辑呈现就可以了。举例：有一个人他是讲万有引力的，他一上台的时候就被电线绊倒了，非常尴尬，台下的人就笑了。他站起来拍拍身上的土说："你们可千万不要笑呀，如果没有万有引力的话，我这一跤就摔到天上去了。现在我还在你们面前，可见万有引力的神奇吧，让我们一起进入神奇的万有引力世界中去吧。"

有时候，我们可以借一个小插曲引出主体内容。所以如果遇到一些临场问题，我们可以想一想和你现在所讲的内容有没有契合点？如果有的话我们可以借机做一个引入，化被动为主动！

面对刁难者。我们在演讲时，有时候说的某句话，或者某个观点，台下的听众可能会有一些反对的意见，从而刁难，怎么办呢？我们可以用一些笑话或者是一些类比来控场。

举个例子：一位讲消防知识的演讲者，他在演讲的时候讲到：最好每个家庭能够备用一个家庭灭火器，以备不时之需。台下的人有人开始提出质疑："你是不是来推销家庭灭火器的呀？""这位同学，我之前还讲到了现场救火，难道我是来推销消防车的吗？"这位演讲者肯定不可能是来推销消防车的，所以也让听众明白，我不是来推销灭火器的。他没有直接回答是还是不是，而是用消防车来反问，幽默风趣而且很机智。

面对冷热场面。在演讲的时候，可能会出现一些冷热场面，怎么办呢？我们可以说一些幽默风趣的话或者笑话。例如，有一位英语演讲者，他演讲的时候有很多理论，他一看下面的人，有一些不再听了。他灵机一动说："我给大家讲一个笑话吧。英语国家的人，非常喜欢用香水。一天，一位妙龄女郎，走在路上，一位帅小伙上去搭讪，小伙问'你用的是什么香水呀？''你猜呀！''香奈儿？''no.''迪奥？''no.''那是什么呢？''Six god.''Six god 是什么呀？''六神花露水，祛痒又止痒。'一下子就把听众的兴趣给调动起来了。

笑话可以体现你的幽默感,增加演讲魅力,也能够加深印象,引出主题,平时不妨可以多积累一些笑话的素材,以备不时之需。

(3) 客观原因灵活应对。

对于客观方面的原因,演讲者则要灵活应变,针对不同情况采取适合的解决方法和措施。

适当活动防止困倦。尤其是春天和夏天特别容易犯困,可在下午的演讲中安排一些简单的肢体活动来调整心理状态。同时演讲者自身的精神面貌也至关重要,可直接影响到听众,因此演讲者自己先要保持精神抖擞。

借景发挥排除干扰。有时候会出现一些突发事件,演讲者可将突发事件的情景与演讲内容有机地结合起来,如果可以用幽默的语言去回应,效果会更好,可以有效地使听众的注意力重新吸引回演讲坛上。

语言变化便于收听。听众经常会因听不到或听不清楚而开小差。演讲者可利用语气轻重的变化和语调高低的变化来产生抑扬顿挫的效果,从而增加个人魅力。表述重点内容时可加大音量、重复两遍。有人窃窃私语时,你可以暂停下来看着他们,这样他们自然会停下来,"此时无声胜有声"。

(4) 抓住四个效应。

训练有素的演讲控场高手,应把握好这样"四个效应"。

人格魅力效应。要靠扎实学习、刻苦训练、博览群书来增强文化底蕴和素养,演讲前要做好精心的准备,做到心中有数,遇到问题处变不惊,就能提升人格魅力。

目光亲和效应。演讲者环视会场,会使听众有一种被"放在眼里"的感觉,目光与目光的交流给听众亲切感,可拉近与听众的距离,减少听众敌意。

姿态感染效应。良好的举止动作,是语言的必要补充,增添了演讲的风采,会极大地增强语言的感染力和号召力进行控场。

激情煽动效应。俗话说"语为情动,言为心声"。以情感人,有利于调动听众的积极性,达到鼓励、宣传、动员之目的,让听众融入演讲氛围中。

最佳临场应变能力能起到:引起兴奋,提神醒目;缓解矛盾,迂回取胜;因势利导,歪打正着的作用。

行动计划：
- 用声音训练方法练习声音。
- 保持一个良好的演讲形象。
- 演讲时保持良好的演讲态势。
- 运用控场能力有效实现控场。

CHAPTER 6

魅力演讲的应用——助力职场与商界稳步提升

魅力演讲：职场成功的加速器

在职场的舞台上，演讲犹如一盏明灯，照亮了那些渴望被看见却因羞涩或技巧不足而隐匿光芒的个体。自信的缺失往往成为沟通的障碍，而这种障碍又进一步削弱了表达的勇气，形成了一个难以打破的负面循环。对于职场中的每一位奋斗者来说，无论是在会议中阐述观点、在团队前展示成果，还是在客户面前推介方案，演讲都是一项不可或缺的技能。它不仅能够提升个人影响力，更是职业发展中的重要助推器。因此，掌握演讲技巧，对于每一位职场人士来说都是至关重要的。

面试演讲

职场的人在面试时，可以按照以下步骤进行准备和表现，以提高成功的概率。

（1）做好面试准备。

在面试前，了解公司的背景、文化、价值观及所申请职位的要求和职责。这样可以展现你对公司的兴趣和了解，同时也有助于你更好地回答面试官的问题。

在面试前，可以预先准备一些常见的面试问题，例如自我介绍、职业目标、个人优势和劣势等。通过准备这些问题的答案，可以让你在面试时更加自信和流畅。

（2）自信面对面试。

展现自信和积极态度。 在面试中展现自信和积极态度非常重要。保持良好的姿态、眼神交流和表达清晰，可以给面试官留下良好的印象。

自信展示个人优势和成就。可以按照以下结构来组织演讲内容。

第一步，介绍自己的背景。教育背景、工作经验、个人技能和成就，突出自己的优势和适应性。结合自己的经验和成就来展示自己的能力和价值。

第二步，举例说明。通过具体的例子和事实来说明你的优势和能力，让面试官对你的能力有更直观的了解。

第三步，结尾。总结自己的优势和适应性，表达对公司和职位的兴趣和期待，以及未来的发展规划和目标。

面试演讲通过优势匹配的岗位，让面试官更好地了解你的能力和潜力，提高成功的机会。

(3) 自信回答面试官提问。

提问环节：在面试时，面对面试官提问，不卑不亢，真诚自信地说出你的看法，可以先说结论，然后用三点法展开，并且总结。

举个例子，面试官问：你认为你的核心优势是什么？

先说结论，然后用三点法展开：感谢面试官的提问，我的核心优势是演讲能力，原因主要有三点。第一，当我在做公开演讲的时候，我都能自信从容地去表达自己。第二，在单位总结汇报或者是年会主持当中，我都能游刃有余地控场，受到领导的好评。第三，我在去年单位组织的演讲比赛当中荣获第一名的好成绩，所以演讲是我的核心优势。我希望我的这个核心优势能够为贵公司出一份力。

(4) 注重礼仪细节。

这些礼仪细节要注意：进门落落大方，面带微笑，停顿一秒后说："各位面试官大家好，我是（自己名字）。"和各位面试官有一个目标接触，15°的鞠躬表示尊敬；面试官让你坐，你从左侧入座，背要挺直；回答问题面带微笑，自信从容；离开时大方起立，点头表达感谢后离开，把门轻轻关上。细节决定成败，小细节才能成就大智慧。

竞聘演讲

在职场的竞争舞台上，一场精彩的竞聘演讲是展现个人才华和实力的绝佳机会。面对晋升的机遇，如何巧妙地利用这次演讲，充分展示自己的专业价值，成为每位职场人士必须面对的挑战。要想在这场竞争中脱颖而出，你需要精心准备，确保你的演讲不仅能够凸显你的能力和成就，还要能够触动听众，给听众留下深刻的印象。这需要你在演讲中巧妙地融合个人经历、专业技能和对未来的愿景，以此构建与听众之间的情感联系，从而赢得他们的信任和支持。

(1) 分析竞聘的岗位和自己优势如何关联。

先想一些你应聘的岗位需要哪些核心能力，你的什么能力是和需要的职位相匹配的。

例如：你之前的岗位是基层岗，你要竞聘管理岗，那么你可以在过去的经验当中去萃取你的一些管理能力，这样你的优势就比较突出。

竞聘的时候，可以分为三大块：第一，你的业务能力；第二，你过去的贡献；第三，你的管理能力。

(2) 竞聘演讲的框架。

当你准备进行职场竞聘演讲时，可以按照以下详细的结构来组织你的演讲内容。

①开场。

问好并自我介绍:"大家好,我是×××,很高兴今天能够有机会竞聘这个×××岗位。"

引入主题,吸引注意力:"今天我想和大家分享我在×××的优势经验和如果竞聘成功后的计划。"

②阐述重点经验。

阐述自己的优势和经验可以分为几个方面,第一,业务能力:包括资历、过去取得的成绩,取得的奖项、做得成功的项目等;第二,和职位相关的能力优势。

详细介绍关键经历和成就:"在过去的工作中,我负责了一个重要项目,并成功地将成本降低了30%,获得了公司的认可。"强调与职位要求相关的经验和技能,"我在团队合作、项目管理和解决问题方面有着丰富的经验,这些技能将使我能够胜任这个职位。"

③个人价值观和职业目标。

阐述核心价值观和职业信念。"我坚信诚实、努力和团队合作是成功的关键,我希望能够在一个积极向上的团队中发挥自己的能力。"

解决问题和展望未来。分析行业或公司面临的挑战和问题:"我认为当前行业对于数字化转型的需求日益增长,我希望能够带领团队应对这一挑战。"

提出解决方案和建议。"我计划引入新的技术工具,提高团队的效率和创新能力,从而推动公司的发展。"

展望未来。"我相信通过我的努力和团队的合作,我们可以共同实现公司的目标,创造更加美好的未来。"

④感谢听众。

"感谢各位的倾听,我期待能够与公司共同成长。"

留下深刻印象。"我会尽全力为公司的成功贡献自己的力量,谢谢。"

(3) 竞聘演讲的关键点。

以下是一些关键点，可以帮助你在竞聘过程中更好地展示自己。

了解岗位需求。 在准备竞聘演讲时，首先要对竞聘的岗位有深入的理解，包括岗位的职责、所需的技能和经验，以及该岗位对组织的贡献。这样，你才能更有针对性地准备演讲内容。

展示个人优势。 在演讲中，要清晰地展示你的个人优势，包括你的专业技能、工作经验、成就和任何与岗位相关的特殊才能。使用具体的例子来证明你的能力和潜力。

准备充分。 竞聘演讲不是即兴发挥，而是需要精心准备的。提前准备你的演讲稿，一个好的演讲应该有清晰的结构。反复练习演讲，确保你能够流畅、自信地表达自己的观点。

自信与热情。 在演讲时，展现出自信和热情。你的语气、肢体语言和态度都会影响听众对你的印象。展现出你对这个岗位的热情和对工作的热爱。

互动与沟通。 如果可能的话，可以在演讲中加入与听众的互动，这可以是提问、邀请反馈或者讨论。这不仅能增加演讲的吸引力，还能展现你的沟通能力。

处理问题。 在竞聘过程中，可能会遇到问题和挑战。准备一些可能的问题，并思考如何回答。在演讲中展现出你的问题解决能力。

持续学习。 表明你有着持续学习和自我提升的意愿。这对于任何岗位都是宝贵的品质，它显示了你对未来职业发展的认真态度。

正面态度。 无论竞聘结果如何，保持正面的态度。即使没有成功，也要表现出你将继续努力、不断提升自己的决心。

记住，竞聘演讲是你向团队展示你为什么是这个岗位最佳人选的机会，所以要确保你的表现能够让人印象深刻。

述职汇报

述职汇报的好坏直接影响明年的工作，有的伙伴觉得述职汇报似乎并不重要，只要把重点工作罗列一下就可以了，其实不然！

(1) 述职汇报不容小觑。

一个好的述职汇报是事业跃迁的重要途径：述职是对过去工作进行自我反思和总结的机会。通过述职，可以客观地评估自己的工作表现，了解自己的优势和劣势，为个人成长和职业发展做出调整和规划。并且向团队展示自己的工作成果，分享自己的观点和建议，有助于团队更好地了解你的成绩、需求和想法。也是明确自己的职业发展目标，有助于提高工作的针对性和有效性。所以述职非常重要，是促进个人发展、加强沟通和团队合作的重要途径，不容小觑！

(2) 述职汇报演讲框架。

开场。

打招呼和自我介绍，介绍演讲主题和目的。

各位领导、同事们，大家好。我是×××，今天很荣幸来向大家汇报我们团队最近的工作进展和成果。

主体部分。

介绍工作背景：简要介绍项目或工作的背景和重要性。

我们团队在过去几个月致力于推进×××项目，这个项目对公司的发展至关重要，下面让我来和大家分享一下我们的进展情况。

工作进展汇报：详细描述工作进展、成绩和困难。

在过去的季度中，我们成功完成了项目的第一阶段，实现了×××目标。我们遇到了一些挑战，例如×××，但通过团队的努力和合作，我们成功解决了这些问题。(描述过程)

数据分析：分享相关数据和分析结果。

根据最新的数据分析，我们在×××指标上取得了××%的增长，达到了×××水平，为公司的未来发展打下了坚实基础。

解决方案和建议：提出解决问题的方案和未来计划。

针对接下来的工作，我们计划实施×××措施，提高×××效率，同时希望获得大家的支持和意见。

结尾。

总结重点：概括演讲内容的重点。

展望未来：展望未来工作的方向和目标。

感谢和鼓励：感谢听众的倾听和支持，鼓励团队继续努力。

在未来的工作中，我们将继续努力，保持团队合作精神，取得更加卓越的成绩。

注意点：

清晰明了。语言简洁明了，重点突出。

自信表达。注意语速和语调，保持自信。

互动引导。引导听众参与互动，回答问题或提出意见。

视觉辅助。适当使用图表、图片或PPT进行视觉辅助。

授课

授课无疑是展示个人专业价值的关键途径。作为一种高效的知识传递方式，授课依赖于语言的力量来沟通信息、理念和情感，与听众建立起互动的桥梁。它旨在通过语言的艺术性表达，营造一种引人入胜的氛围，使听众在不知不觉中被吸引，并沉浸在演讲者构建的环境中。

在授课过程中，语言的启发性和引导力至关重要。通过结合讲解、示范、演示和互动等多种教学手法，演讲者能够系统地传授知识，帮助学员深刻理解和掌握所学内容。这种教学方法不仅注重知识的传授，更强调学员的参与和体验，最终实现教学目标，确保授课效果的最大化。

（1）授课是高价值传递的重要形式。

授课是我们高价值传递当中一个非常重要的形式，授课对于职场人而言有着重要作用：

组织传递知识。能够帮助职场人更好地组织和传递知识，能够把经验赋能更多的人，提升其影响力和组织的绩效水平。

获得正向反馈。当职场人能够运用各种教学技巧和方法，创造积极的学习氛围，学员将更加愿意参与学习，并对他们的教学工作给予肯定和好评。

提升专业形象：能够帮助职场人树立自信，树立良好的形象，提升自身的影响力和认可度，展示专业能力和教学魅力，并且可以成为企业的内训师或者是职业培训师，促进个人发展！

(2) 学习金字塔理论引领授课形式。

在授课的过程当中，我们要让听众有所收获，真正达到落地，那我们可以参考一个非常有用的理论——学习金字塔理论。

> 美国学者埃德加·戴尔在1946年提出了"学习金字塔"的理论。
> 该理论指出主动学习的知识留存率比被动学习要高很多！
> 被动学习：单纯的听讲只能记住5%，阅读能够记住10%，看图能够记住20%，看示范演示能够记住30%。
> 主动学习：参与讨论能够记住50%，参与实践，亲身体验能够记住75%，给别人讲能够记住90%。

显而易见，单纯的知识灌输在教学过程中是远远不够的。要实现教学目标，关键在于激发学员的主动学习热情，让他们积极参与互动，通过设计丰富的练习和实践机会，将理论知识转化为实际技能。唯有如此，学员才能真正将所学知识内化于心、外化于行，从而实现从"知道"到"做到"的飞跃，确保授课取得显著成效。

(3) 授课是发现和解决问题的过程。

授课是发现和解决问题的过程，往往是学员遇到了一些困惑，并且是为了解决一个问题，才希望通过听课去提升。内容的设计应该围绕听众迫切需要解决的问题的展开，提供有效的解决方案，并给出具体的操作建议。

在设计教学内容的时候需要注意以下几个方面。

深入分析问题的本质。在授课中，要对问题本身进行深入的分析和理解。通过清晰地描述问题的背景和现状，让听众更好地理解问题的严重性和紧迫性，进而接受你提出的解决方案。

提出有效的解决方案。也就是在授课过程当中，分享我们的经验。在授课中，要根据问题的本质和特点提出有效的解决方案。解决方案应该具有可行性、实用性和切实性，能够有效解决问题并带来实际的效果。可以结合案例分析、专家建议等方式，为解决方案提供支持和论证，提升说服力和可信度。同时，解决方案也要符合听众的需求和期望，能够引起听众的共鸣和认同。

给出具体的操作建议。 在提出解决方案的同时，还要给出具体的操作建议，帮助听众更好地实施解决方案。操作建议应该具体明确、可操作性强，包括具体的步骤、时间表、责任人等，帮助听众清晰地了解如何落实解决方案。此外，还可以提供相关资源、工具和支持，帮助听众更顺利地实施解决方案，取得预期效果。

强调解决方案的可持续性和持续改进。 解决问题不是一蹴而就的过程，需要持续关注和改进。可以建议听众建立监测机制、定期评估效果，及时调整和优化解决方案，确保问题得到长期解决和持续改进。

在授课演讲中，务必注重与听众的互动和效果的落地。让听众能够从中获益并得到启发。为了确保授课效果，可以采用以下策略。

小组讨论： 通过小组讨论，学员能够在合作中学习，相互启发，共同解决问题，这有助于提升他们的批判性思维和沟通技巧。

游戏竞赛： 通过游戏或竞赛形式，提高学习的趣味性和参与度。学员可以更好地理解知识点，并在游戏中加深记忆。

提问反馈： 提问是激发学员思考的有效方式，而及时的反馈则能够帮助他们及时纠正理解偏差，巩固学习成果。

角色扮演： 可以让学员扮演不同角色，模拟真实情境，提高其理解和应用知识的能力。并且启发引导学员开拓思路，激发他们的学习兴趣和创造力，引导他们自主探索和发现新知识。

练习实践： 通过设计有针对性的练习和实践活动，学员可以将理论知识应用于实际操作中，这有助于提高他们的动手能力和解决问题的能力。

通过综合运用这些方法，能够创造一个活跃、互动和富有成效的学习环境，从而提高授课演讲效果，帮助学员更好地掌握知识和技能。

我平时去企业讲课，很多学员是企业的内训师，他们通过学习高效的授课技巧，不仅提升了自身的教学能力，更肩负起了传递和复制企业价值的使命。这些培训师如同播种者，将知识的种子播撒在更广阔的领域，使得更多的人受益。而我，作为他们成长的见证者，也常常收到他们成长的消息，这无疑是对我工作的最大肯定和鼓励。

(4) 授课内容的把控。

在授课时，常有人陷入一个误区：认为在既定的时间内，覆盖的内容越广越好，每一点都觉得重要，因此试图一一呈现。然而，真正的教学艺术不在于 PPT 的页数，也不在于讲授的信息量，而在于对每一个主题的深入挖掘和细致阐释。关键在于让听众不仅听到，而且真正理解并吸收所讲的内容。

如果 PPT 切换得过快，讲授的内容无法深入，听众难以跟上思路，更谈不上记忆和理解。这样的教学无法触及听众的内心，自然也就无法激发其行为上的改变。因此，优质的授课应当注重深度而非广度，确保每个知识点都能被透彻讲解，让听众能够深刻领会，从而在知识的吸收和应用上取得实质性的进步。

在有限的授课时间内，深入讲解少数关键知识点，确保每个点都能讲得透彻明了，远胜于浅尝辄止地覆盖多个话题，却未能深入任何一个。这样的讲解能够确保学员对核心概念有深刻的理解和掌握，从而实现更有效的学习效果。

我平时也经常担任企业内训师的课程开发和授课技巧的老师，并且担任讲师大赛的评委及辅导老师。时间把控也是我经常传递的理念之一。在竞争激烈的赛事中，超时是会被扣分的，这进一步强调了精准传达信息的重要性。因此，我辅导学员始终坚持一个原则：讲述时要深入透彻，避免浅尝辄止地涉及过多内容。做到要讲就讲透，而不是内容很多都讲不透，只有这样，才能确保信息的有效传递。

魅力演讲：打造领导力和企业影响力

演讲对于企业创始人的作用

对于企业的创始人而言，精通演讲的艺术是其领导力的关键组成部分。无论是在团队管理、客户交流还是公共演讲的场合，他们通过言辞、行为和决策来展现个人魅力，塑造领导者的形象。一个充满魅力的领导者能够点燃团队的热情，借助愿景和信念的动力引领变革。卓越的领导者懂得如何根据不同情境巧妙运用魅力，无论是在危机时刻保持镇定、在竞争中展现自信，还是在庆祝成功时与团队共享荣耀。领导者的魅力表达不仅影响着他们的直接团队，更深刻地塑造着整个组织的文化和对外形象。

（1）演讲表达可以帮助创始人提升沟通能力。在商业领域，清晰、有说服力的演讲是成功的关键。无论是在内部会议中统一团队思想，还是在外部场合中赢得投资者和合作伙伴的信任，都发挥着至关重要的作用。

（2）演讲表达可以帮助创始人在公众场合中展示领导力和影响力。通过在公众面前自信地演讲，创始人可以增强自己的影响力，树立自己的行业地位，并赢得他人的尊重和信任。

（3）演讲表达可以帮助创始人提升思维逻辑能力。通过精心构思和有力传达自己的观点，创始人能够更清晰地梳理思路，从而在解决问题时更加高效，制订战略时考虑得更加深远，推动业务发展时更加有的放矢。

（4）演讲表达可以帮助创始人建立个人品牌和提升企业形象。一个能够出色演讲的创始人往往更容易被大众关注和记住，从而更加关注其企业产品和服务。良好的表达能力是创始人在商业领域中取得更高成就的助力器！

对于创始人而言什么是好的演讲

好的演讲意味着能够清晰、准确地表达自己的想法。能够明确地传达自己的愿景和期望，更好地激励团队成员，推动项目向前发展。

好的演讲也是一种情感的共鸣。当团队面临挑战时，一句鼓励或支持的话语，会成为团队克服困难的动力。

好的演讲还体现在能够根据不同的场合和对象组织自己的语言，从而体现创始人和企业的品牌形象。

一个会演讲的创始人，能够在对话中展现出自己的见识和思考，不仅能赢得他人的尊重，也能在交流中获得更多的信息和正反馈。

招商路演——创始人呈现高价值的有效途径

招商路演是指通过现场演示、演讲等方式，向投资者、客户等展示项目或产品的优势和前景，对创业者来说非常重要！那么一个好的招商路演需要注意什么呢？

(1) 做好准备。

在路演前，需要充分了解项目或产品的背景、市场情况、竞争对手等信息。同时，准备好 PPT、展示物品、样品等，同时，需要尽可能地了解投资者的需求和关注点，确保在路演中能够充分展示项目或产品的优势和特点。

可以用商业模型进行分析。

①波特五力模型。

波特五力模型（Porter's five forces model）是由哈佛大学商学院教授迈克尔·波特（Michael E. Porter）于 1979 年提出的，用于分析行业竞争强度和盈利能力的框架。

波特五力模型是一个强大的分析工具，可以帮助创始人在招商演讲中更全面地展示自己的企业，增强说服力，并吸引投资者和合作伙伴的兴趣。

这个模型包括以下五个力量。

同业竞争者的竞争程度：分析同一行业内企业之间的竞争关系，包括价格战、产品质量、创新、服务等因素。

潜在新进入者的威胁：评估新企业进入该行业的难易程度，包括资本需求、规模经济、分销渠道、政府政策和法规等壁垒。

替代品或服务的威胁：考虑消费者可能选择的替代产品或服务，这些替代品可能影响行业内产品的需求和价格。

供应商的议价能力：分析供应商对行业内企业的影响力，包括原材料或服务的供应限制、供应商的集中度等因素。

买家的议价能力：评估买家对价格和交易条件的影响力，包括买家的集中度、产品标准化程度、买家对价格的敏感度等。

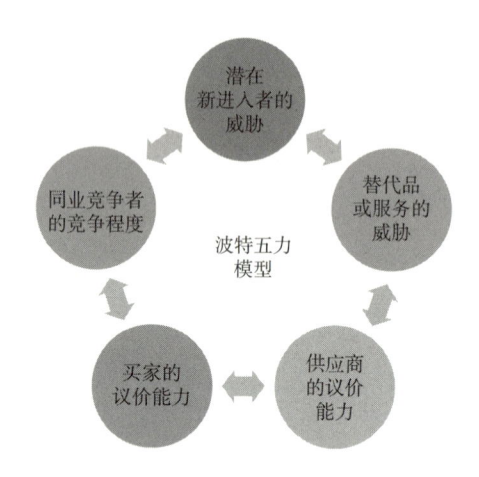

```
         潜在
       新进入者的
         威胁
同业竞争者          替代品
的竞争程度         或服务的
         波特五力   威胁
          模型
    买家的      供应商
    议价能力    的议价
              能力
```

波特五力模型在招商演讲中有什么作用呢？

展示行业吸引力：通过分析五力模型，创始人可以向潜在投资者展示所在行业的吸引力和盈利潜力。

强调竞争优势：利用五力模型分析自己的企业如何在各个力量中占据优势，比如通过创新减少替代品的威胁，或通过规模经济降低成本。

识别和应对风险：向投资者展示企业如何识别行业风险并制定相应的应对策略，比如通过供应商多元化来降低供应商议价能力的风险。

吸引合作伙伴：通过展示企业在行业内的竞争地位和对五力的应对策略，吸引潜在的合作伙伴，比如供应商或分销商。

增强说服力：五力模型提供了一个结构化的分析框架，可以帮助创始人在招商演讲中更加系统和有逻辑地展示自己的商业计划。

制定战略方向：基于五力模型的分析结果，创始人可以向听众清晰地阐述企业的战略方向和长期目标。

差异化展示：通过五力模型的分析，创始人可以展示自己企业与竞争对手的不同之处，以及如何利用这些差异来获得市场优势。

> 我们以一个创始人李明为例，他正在为他的初创公司"绿色能源科技"进行招商演讲。他的公司专注于开发和销售太阳能发电系统。那么他就可以运用波特五力模型进行如下的分析。
>
> 同业竞争者的竞争程度：李明分析当前可再生能源市场的增长趋势和

行业内的竞争格局，强调太阳能作为一种清洁能源日益增长的需求。他使用图表和数据来证明太阳能市场的潜力和公司的市场定位。

潜在新进入者的威胁：李明分析了进入太阳能行业的技术壁垒和资本需求，展示"绿色能源科技"如何通过专利技术和早期市场进入建立竞争壁垒。他强调公司的研发能力和已建立的供应链关系。

替代品或服务的威胁：李明分析了其他可再生能源技术，如风能和生物质能，并说明太阳能在成本效益、安装便利性和环境影响方面的优势。他提出公司将持续投资研发，以保持技术领先。

供应商的议价能力：李明说明"绿色能源科技"通过与多个供应商建立长期合作关系，有效降低了原材料成本波动的风险。他展示公司的供应链管理和成本控制策略。

买家的议价能力：李明分析了不同市场细分中买家的议价能力，并说明公司如何通过定制化解决方案和增值服务来提升客户忠诚度和产品附加值。

李明基于五力模型的分析，清晰地分析了公司的长期战略方向，包括扩大市场份额、深化技术研发和拓展国际市场。

李明通过比较竞争对手，突出"绿色能源科技"在产品质量、服务和客户支持方面的差异化优势。

通过波特五力模型，创始人不仅分析了行业，还明确了清晰的战略方向和对潜在风险的深思熟虑的应对措施。

②SWOT分析。

SWOT分析法是一种战略规划工具，用于评估一个组织或项目的优势（Strengths）、劣势（Weaknesses）、机会（Opportunities）和威胁（Threats）。在演讲中，SWOT分析可以帮助演讲者全面地展示自己的企业或项目，并有效地传达其战略方向。以下是SWOT分析在演讲中的一些运用方式。

收集信息。在准备演讲时，收集与企业或项目相关的所有信息，包括内部资源、市场状况、竞争对手情况等。基于收集的信息，构建SWOT分析框架，明确每个部分的关键点。

展示优势。分析企业或项目的核心优势，如专业技术、品牌影响力、团队经验等。通过具体案例或数据支持优势的陈述，增加说服力。

分析劣势。分析当前市场面临的挑战和局限性，提出针对劣势的解决方案或改进措施，增强投资者信心。

把握机会。分析市场趋势和潜在增长点，展示企业或项目的发展机会。说明如何将企业战略与市场机会对接，实现增长和扩张。

应对威胁。识别可能对企业或项目构成威胁的外部因素，如竞争对手、市场变化等。提出应对这些威胁的策略，如多元化产品线、加强客户关系管理等。

总结 SWOT 分析的关键点，规划企业或项目的战略重点。提出具体的行动计划，包括短期和长期目标。鼓励听众参与或支持，如投资、合作或提供反馈。

> 假设李明在招商演讲中运用 SWOT 分析法：
>
> 优势："绿色能源科技"在太阳能技术方面的突破和已获得的专利，以及团队的专业背景。
>
> 劣势：初创企业在资金和品牌知名度方面的挑战，并提出通过合作伙伴和投资者的支持来克服这些挑战。
>
> 机会：李明分析全球对可再生能源需求的增长趋势，以及政府对清洁能源的支持政策，作为公司发展的机会。
>
> 威胁：李明将讨论技术变革速度和竞争对手的策略，以及如何通过持续创新来保持竞争力。
>
> 通过这种结构化的 SWOT 分析，李明的演讲将更加有说服力，帮助听众全面了解"绿色能源科技"的定位、潜力和未来发展方向。

（2）突出关键信息。

在招商路演中，需要突出项目或产品的亮点和优势，让投资者或客户感受到项目或产品的独特性和价值。

一个成功的招商路演演讲不仅需要内容充实，逻辑清晰，还需要能够让听众明确记住和理解的重要信息。

在演讲中，如果内容过于琐碎和冗杂，听众容易产生疲劳和失去兴趣。因此，演讲者应该学会如何突出重点信息，让关键信息更加显著和易于记忆。

演讲者可以通过强调重点来突出重要信息。在演讲过程中，演讲者可以用声音、语气、手势等方式来强调重要的观点和信息，让听众更加关注和易于理解。强调重点信息可以帮助听众更好地抓住演讲的核心内容，避免在大量信息中迷失方向。

重复关键信息也是突出重点信息的有效方法。通过在演讲中多次重复关键信息，可以加深听众对这些信息的记忆和理解。重复关键信息可以帮助听众更好地消化和吸收演讲内容，确保他们在演讲结束后仍然记得重要的信息。

通过清晰地展示为什么选择你的产品或服务，可以有效吸引听众的注意力并建立信任。在演讲中，可以通过案例分析、数据支持等方式来展示产品或服务的价值，让听众对其有更深入的了解和认识。

①**案例故事。**

案例故事是一种具体而生动的方式，可以帮助听众更直观地了解产品或服务的优势。通过分享真实的客户故事和成功案例，展示产品或服务在实际应用中所取得的成就和效果。突出亮点还包括品牌故事，比方说我们可以讲一讲产品的品牌故事，也可以讲一讲自己改变的故事，我们在使用前和使用后的客户案例，这些都是有力的佐证，事实依据对于我们的路演非常有帮助。

例如，李明可以分享客户在使用后提高效率、节省成本的案例，以及客户对产品易用性和功能性的好评。以及客户在使用过程当中的故事。这样的案例可以让听众更容易地理解产品或服务的实际应用和优势所在。

②**数据支持。**

数据支持也是突出产品或服务独特价值的重要方式之一。通过数据支持，可以为产品或服务的优势提供客观的证据，提升说服力和可信度。

市场调研数据。

通过市场调研数据，创始人可以展示对市场的深入了解，并证明项目在市场中的机会和竞争优势。举例来说，假设一个创业公司计划推出一款新型设备。创始人可以通过市场调研数据展示同类设备市场的规模和增长趋势，以及消费者对此类设备的需求。

此外，创始人还可以分析竞争对手的情况，了解市场上已有产品的特点和定位。这些数据能够帮助投资人更好地评估项目在市场中的定位和发展前景。

用户数据。

通过提供关于用户需求和行为的数据，创始人可以展示项目的用户价值和市场吸引力。

例如，创始人可以展示设备的用户增长趋势、用户画像以及用户留存率等数据，从而证明此设备在用户中的吸引力和潜在增长空间。这些数据可以帮助投资人评估项目的用户获取和留存能力，以及未来用户增长的可持续性。

财务数据。

通过准备收入情况、成本结构和盈利能力等数据，创始人可以展示项目的商业模式是否可行，以及项目是否具有盈利潜力。举例来说，创业者可以展示过去几年的收入增长情况、成本结构的构成以及盈利能力的指标。这些数据可以帮助投资人评估项目的财务健康状况和投资回报潜力，从而决定是否投资该项目。

数据分析和预测。

通过利用数据分析工具和方法对市场、用户和财务数据进行分析和预测，创始人可以展示项目未来发展的潜力和可行性。创始人可以预测未来几年市场的增长趋势、用户需求的变化以及公司的盈利能力。这些数据支撑的分析和预测可以帮助创始人增强投资人对项目的信心和兴趣，进而赢得他们的支持和投资。

数据支撑在招商路演中扮演着至关重要的角色。通过数据，创始人能够全面展示项目的潜在价值和可行性，增强项目的说服力和吸引力，从而赢得投资人、合作伙伴或者客户的支持和青睐。

在准备路演时，创始人务必要充分准备相关数据支撑，以确保能够清晰地展示项目的可行性和潜在价值，为项目的成功融资打下坚实基础。

(3) 通过演示增加可信度。

提高招商路演的吸引力是确保活动成功的关键。以下是一些策略，可以帮助你提升招商路演的吸引力：

可以通过产品演示来展示产品的功能和特点，让听众亲身体验产品的优势；可以通过客户见证来分享客户的好评和推荐，提升产品或服务的口碑和信誉；还可以通过行业专家的认可和评价来证明产品或服务的专业性和价值。

演讲者还可以采用图表、图片等可视化工具演示来突出重点信息，这可以帮助听众更直观地理解和记忆信息。图表可以清晰地展示数据和趋势，并且可以生动地呈现场景和情感，从而使重要信息更加生动和易于记忆。

一个成功的招商路演演讲不仅在于内容的丰富和逻辑的严谨，更在于能够让听众明确记住和理解的重要信息。

因此，创始人在准备演讲时应该注意如何突出重点信息，让演讲更具说服力和影响力。通过强调重点、重复关键信息、采用图表等方式，创始人可以使重要信息更加突出和易于记忆，从而提高演讲的效果和影响力。

（4）自信表达。

在招商路演演讲中，创始人需要自信地表达自己的观点和想法，让投资者或客户感受到自己的专业性和可信度。同时，需要保持语速适中、口齿清晰、声音洪亮，让听众能够听清楚自己的讲解。

创始人需要充满热情和感染力，让听众感受到自己的热情和信心。通过肢体语言、面部表情等方式来增强自己的感染力，让听众更加愿意听自己的讲解。只有做好充分的准备和掌握必要的技巧，才能更好地展示项目或产品的优势和前景，吸引更多的投资者和客户关注和支持。

（5）综合演讲框架。

当进行招商路演演讲时，可以按照以下结构来组织你的演讲内容，以吸引投资人和观众的注意。

> 开场：引入自己和创业项目："大家好，我是×××，很高兴能够在这里向各位介绍我们的创业项目×××。"介绍创始团队和关键团队成员。
>
> 问题和市场需求：阐述需要解决的问题和市场需求："我们的项目针对的是×××市场，解决×××问题，这个问题急需解决的原因是×××，根据我们的市场调研，×××市场需求每年增长率达到××%，市场需求量庞大。"

> 产品或服务介绍：详细介绍产品或服务的特点和优势："我们的产品/服务的特色是×××，与竞争对手相比的优势是×××，满足用户需求的优势是×××"可以运用波特五力和 SWOT 分析的结果进行阐述。
>
> 个性化和故事叙述：使用故事叙述方式，分享公司成立、克服困难或客户成功的故事，展示成功的客户案例或合作伙伴故事，让潜在客户、合作伙伴或投资者产生共鸣。
>
> 明确未来规划：展示未来规划和发展目标："我们的未来规划是×××，我们希望在×××时间内实现×××目标。"
>
> 明确参与益处：明确参与这个项目合作的益处："我们目前正在寻求××金额的融资，用于×××，我们的盈利模式是×××，通过×××方式实现盈利，并且有着可持续的增长潜力，希望能够得到各位投资人和合作伙伴的青睐！"
>
> 结尾：感谢参与者，提出畅想："感谢各位的聆听和支持，我们期待与您合作共赢。"

可以使用引人入胜的视频来吸引听众的注意力。视频可以是项目的简介，也可以是一个案例，激发他们的兴趣。

还可以设计参与性强的互动环节，如问答、投票、小组讨论等，让参与者成为活动的一部分。可以提供产品或服务的现场演示，让参与者亲身体验其特点和优势。

也可以邀请行业专家、知名人士进行推荐或分享，增加招商路演的权威性和可信度。展示满意客户的推荐或评价，用第三方的话语来增强信任感。

在招商路演过程中明确呼吁行动，无论是投资、合作，都应该让参与者知道下一步该做什么。

会议销售演讲——放大业绩的有效方法

会销演讲，就是通过一对多的会议进行销售演讲。

销售演讲是一个展示公司愿景、产品价值和个人魅力的重要环节。

它不仅仅是一次简单的产品展示或服务介绍，还是一种艺术，一种能够激发听众兴趣、建立信任和推动行动的艺术。

对于创始人而言，销售演讲是一次展示个人信念、公司文化和产品价值的机会。它要求创始人有能够打动人心的表达能力。

创始人需要通过演讲故事传达愿景和使命，要能够触动听众的情感，建立情感上的共鸣，激励听众采取行动！

每一次销售演讲都是一次展示公司品牌、影响他人、实现梦想的机会。通过销售演讲表达，让每一次演讲都成为推动公司向前发展的强大力量！

销售演讲不仅仅需要展示产品或服务的功能，更要吸引和说服潜在客户。

（1）销售演讲的底层逻辑。

销售演讲的底层逻辑可以概括为三个关键要素：展示价值、理解需求和建立信任。这三个要素相互关联，缺一不可，它们共同构成了成功销售演讲的基础。

①展示价值。

展示价值是指通过演讲向潜在客户清晰地传达你的产品或服务的价值主张。这不仅仅是列举产品特性，更重要的是要说明这些特性如何解决客户的实际问题或改善他们的状况。展示价值的关键在于让潜在客户感受到产品或服务的独特价值和差异化优势，并且让他们感受到这对他们是不可或缺的。

例如，假设你正在销售一款新型的智能手表，它不仅可以追踪健康数据，还能接收手机通知、控制智能家居设备等。在演讲中，你可以这样展示价值："我们这款智能手表不仅能帮助您更好地管理健康，比如监测心率、睡眠质量，还能让您在忙碌时不错过任何重要信息，甚至在您回家前就能帮您调整好家里的温度,这在市场上是很少见的!"

②**理解需求。**

理解需求意味着要深入了解你的潜在客户的需求、痛点和期望。这需要在演讲前做足功课,研究目标客户群体的特点以及他们在使用类似产品或服务时可能遇到的问题。在销售演讲前,必须对目标受众进行深入分析。了解他们的需求、痛点、兴趣和购买行为,有助于定制演讲内容,确保信息针对性强,能够引起目标群体的关注。这需要综合运用市场调研、社交媒体分析和客户反馈等手段。在演讲中,你要展现出对这些问题的深刻理解,并提供切实可行的解决方案。

以上述智能手表为例,如果你的客户担心价格,觉得价值偏贵,你可以说:"我们知道您的每一份投资都希望能带来最大的回报。我们的手表可以帮助您把烦琐的日常任务自动化,从而节省大量时间和成本。让您能够专注于更重要的工作。而且还能管理你的健康,能够提升您的生活质量,一个手表相当于您又请了一名助理在服务您!"

③**建立信任。**

建立信任是销售过程中至关重要的一环。没有信任,即使产品很好,客户也会犹豫不决。建立信任的方法有很多,比如提供真实使用案例、产品演示等。在演讲中,分享成功故事和客户的正反馈可以大大增加你的可信度。建立信任不仅仅是逻辑上的说服,更是情感上的触动。在演讲中,利用情绪诉求来建立与听众的深层次连接。用真实感人的案例、充满激情的语言和诚挚的态度,让听众感受到品牌带来的正面影响,从而增加产品或者服务的吸引力。

"我们的客户反馈这款智能手表非常出色。一位企业的总经理表示,用了这款智能手表,解决了他之前无法同时关注多方面事情的难题,让他的工作和生活更加系统化,做事井井有条!"

成功的销售演讲需要将这三个要素融为一体。

演讲者销售环保清洁产品:

展示价值: 我们的环保清洁剂不仅能有效去除污渍,还能保护您的家庭免受有害化学物质的伤害……

> **理解需求**：我们知道，作为家长，您最关心的就是家人的健康。市面上的许多清洁剂虽然去污效果好，但含有的化学物质可能对儿童和宠物不安全……
>
> **建立信任**：我们有来自上千家庭的推荐信，他们都见证了我们产品的效果和安全性。此外，我们还提供免费样品，让您亲自体验我们产品的优势……

这种综合运用三个要素的销售演讲，更容易打动潜在客户的心，促成交易。

销售演讲是展现产品或服务优势的绝佳机会。通过数据和事实来支持你的观点，展示产品如何满足客户需求，解决他们的痛点，或者提供比竞争对手更优的解决方案。同时，要强调这些优势是如何与品牌的核心价值紧密关联的。听众不会为了你的产品有多好去买单，他是为自己的未来买单，所以我们一定要迎合他的需求，并且让他看到他买了单之后的改变，这才是我们销售演讲的精髓所在。

（2）讲述引起情感共鸣的品牌故事。

销售演讲，在于对方有痛点，我们有解决方案，我们知道怎么去落实行动，这在销售演讲中非常重要。销售演讲需要让听众感同身受，我们要会讲故事。无论是自己的成长故事，还是学员的故事、客户的故事，都是良好的品牌故事。让我们的听众感受到我买你的产品、买你的服务是可以获得改变的。

> 我曾是一个身材臃肿的人，那些年，我因为体重问题遭受了不少白眼和嘲笑。每一次试衣间的尴尬，每一次健康检查的警告，都像是一记记重锤，敲打着我的自尊。我知道，我需要改变，不仅是为了自己的健康，也是为了找回自信。
>
> 我开始了自己的减肥之旅，但这条路并不平坦。我尝试了各种方法，从严格的饮食控制到高强度的运动，每一次的努力都伴随着汗水和泪水。但我没有放弃，因为我知道，只有坚持下去，才能看到希望的曙光。
>
> 经过无数个日夜的努力，我成功了。我减去了那些多余的体重，也摆脱了那些负面的标签。我站在镜子前，看到的是一个全新的自己，一个更

> 加健康、更加自信的自己。我知道，这是我人生的转折点。
>
> 但是，我也知道，还有很多人像曾经的我一样，正在与体重作斗争。他们需要的不仅仅是鼓励和支持，更需要有效的帮助和指导。我想，如果我能将自己的经验转化为实际的帮助，那将是一件多么有意义的事情。
>
> 于是，我决定创立自己的减肥品牌。我深入研究了营养学，咨询了专业的医生和营养师，经过无数次的实验和改进，我终于推出了我的第一款减肥品牌产品。旨在帮助人们以健康、安全的方式达到减肥的目标。这不仅仅是一款产品，还是一份希望，一份对更美好生活的承诺。

一个引人入胜的品牌故事不仅仅是故事本身，更是关于品牌代表的价值、愿景和使命。有效的品牌故事能够激发听众的情感共鸣，并让他们认同品牌的价值主张。在准备销售演讲时，要深入挖掘品牌的独特之处，如：品牌如何创立，解决了哪些问题，以及品牌背后的文化和价值观。创始人的初心故事，创业的故事，都是非常好的故事素材，能够走进听众内心。

(3) 多与听众互动——提升信任度。

销售演讲不应该是单向的沟通。要确保听众的积极参与，可以通过提问、现场演示、互动环节等方式。这样不仅可以保持听众的兴趣，而且可以帮助他们更好地记住产品或者服务信息。销售演讲的最终目的是促使听众采取行动。无论是购买产品、服务还是加入对话，演讲的结尾部分都应该是一个明确的行动号召。这个号召应该与产品价值相关联，并且易于听众执行。销售演讲之后，不要忘记对听众进行后续跟踪。通过电子邮件、电话或社交媒体，继续与听众保持联系，提供更多信息，回答问题，并加深他们对品牌的记忆和好感。

平时我也经常帮一些企业做招商和销售演讲的策划，成功的销售演讲一定是能够走入听众内心的演讲。作为创始人，你一定要了解你的客户的需求和痛点，让他感知他买了单之后的改变，而我们的产品或者服务就是中间的桥梁！

团队激励——让你的团队更具凝聚力

魅力表达是激励团队、指导组织并向外界展示坚定方向的关键。

如果你会激励团队，你的团队就会更具凝聚力，那么团队激励的框架应该是如何的呢?

(1) 团队激励的关键点。

团队激励的关键因素有很多,主要包括以下几点。

①**清晰的目标和共同愿景**:确定明确的团队目标和共享愿景对于激励团队成员非常重要。团队成员需要知道他们的工作目标是什么,以及他们为何在这个团队工作,这样才能激发他们的参与和奋斗动力。阐明团队的共同愿景和目标,让每个团队成员都认识到自己的工作对实现这个愿景的重要性。

②**正面的反馈和鼓励**:给予正面的反馈也是激励团队成员的关键。领导者可以通过赞扬团队成员的努力和成就来振奋团队,让团队成员感受到自己的工作得到了认可和重视。鼓励团队成员挑战自己,超越自我,相信他们有能力战胜困难,取得成功。并且强调团队的团结和协作,鼓励团队成员相互支持、相互信任,共同努力实现团队的目标。给团队成员注入信心和力量,让他们相信自己有能力克服任何困难和挑战。也可以加入一些案例起到激励的作用。

③**话语真诚自信和坚定**:领导者的话语一定要真诚、鼓舞人心、正能量,要与团队成员有情感上的共鸣,表达真诚的感激之情,让团队感受到关怀和支持,激发他们内在的动力和热情。领导者需要展现出自信和坚定的领导力,让团队成员愿意跟随自己一起奋斗。鼓励团队成员发挥自身潜力,追求更高目标。

(2) 演讲框架。

开场:欢迎和感谢团队成员的出席,引入演讲主题。

明确目标和使命:明确目标和使命,激励团队成员努力工作。

团队成绩回顾:回顾团队的成绩和取得的进展,表扬团队取得的成功和突出表现,分享成功团队的案例故事,激励团队成员争取更好的成绩,邀请表现突出的团队成员分享经验和感悟。

激发团队精神:强调团队合作的重要性,倡导团队互助互补,共同成长,鼓励团队成员发挥自己的潜力。

结尾:鼓励团队继续努力,实现更高的目标,感谢并表达对团队的信任与支持。

亲爱的团队成员们,大家早上好,感谢大家今天的到来!

在这个阳光明媚的清晨，我们齐聚一堂，不仅是为了迎接新的一天，更是为了点燃心中的火焰，激发我们内在的无限潜能。

我们的工作，虽然日复一日，却具有深远的意义。我们不只是在追逐个人的小小目标，我们还在共同编织公司宏伟蓝图的一针一线。在这幅壮丽的画卷中，每一位团队成员都是不可或缺的，你们的每一次努力，都在为这幅画作增添光彩。

我们回望过去，我们团队以坚不可摧的意志和卓越的执行力，荣获了区域销售冠军的好成绩。这是对我们团队精神和专业能力的最好证明。让我们为自己，为彼此，为这份来之不易的荣耀，热烈鼓掌！

在面对客户拜访的重重挑战时，我们展现了非凡的团队合作和创新精神。我们共同跨越了一道道难关，最终取得了令人瞩目的成绩。

今天，我们要将这份爱和关怀，传递给每一位客户，无论是通过我们精心打造的产品，还是通过我们无微不至的服务。

现在，让我们将这份使命感转化为行动的力量。我们不仅是销售人员，我们更是梦想的守护者。我们销售的，不仅仅是商品，更是希望和梦想。每一次成功的销售，都是我们帮助他人实现梦想的有力见证。

今天，我们要深刻认识到我们的工作对于客户的价值和深远影响。这将激发我们更加强烈的使命感，让我们全心全意地投入每一天的工作。

每一位销售代表都有责任超越自我，为客户提供最佳的解决方案。同时，我们要团结一心，共同努力，为实现公司的销售目标而不懈奋斗。团队合作是我们成功的关键，让我们携手并进，共同创造更加辉煌的明天。

最后，我要向全体团队成员表达我最诚挚的感谢。让我们持续努力，共同攀登更高的山峰，实现更高的目标。记住，我们是一个团队，我们是无可匹敌的力量！

谢谢大家！

行动计划：

- 塑造可以根据不同场合演讲的能力。
- 在不同场合灵活运用实现高价值呈现。

CHAPTER 7

魅力演讲成就魅力人生

成就魅力人生的关键要素

保持真诚与自信的开放心态

保持真诚与自信的开放心态，能够由内而外呈现自己的魅力状态，首先必须认识到自己的独特之处，发现自己的热情、价值观以及优势所在，并自信地表达自己，在与他人交往中保持真诚。

自信让听众对演讲内容产生共鸣，让他们对我们的观点和想法更加信服，从而增大演讲的影响力！自信也可以让我们更好地应对各种表达场合，迎接每一次的演讲机遇和挑战！自信是人生中取得成功的重要因素，它能够让我们更加坚定地追求梦想，勇敢地面对各种挑战！

我们要释放真我的状态。因为释放真我的状态，才是真正做自己，才能表达我们的优势价值和故事，在舞台上真正地发光。把真实的状态呈现出来，让更多的人认识我们，用高价值来吸引同频的人。

当我们以真诚的态度和自信的姿态与人交流时，我们的内在光芒便能照亮他人的心灵。这种光芒不仅能够吸引他人，更能激发他们对我们的信任和尊重。魅力演讲不仅是一种技巧，更是一种生活态度。它能够让我们在追求成功的道路上更加从容不迫，让我们在人际交往中更加得心应手。通过魅力演讲，我们不仅能够成就一个充满魅力的人生，还能够在未来创造出更多的可能性，让自己的生活和他人的生活都因我们的存在而变得更加精彩。

保持一颗利他的心，成就更多人

有的人在表达的过程当中不敢表达，是因为他太在乎别人的眼光，他不敢把自己的价值分享出来去影响别人，因为他不自信。他觉得当他的分享呈现高价值时去成交，就是在收别人钱，他会觉得很功利。其实，把每一次的分享，把每一次的成交，把每一次的高价值呈现都当成一种送礼物，用利他的思维去成就对方，那么你的能量就会更强，也更容易影响更多的人。

有一句话我很认同：**小爱爱自己，大爱爱世界。**

你之所以不敢表达自己，不敢呈现自己，是因为太爱自己，你怕说出来会给对方造成困扰，你怕说出来会被对方所否定，你怕自己做得不好被对方所否定。如果你通过演讲呈现高价值的自己，去表达成交，去价值变现的时候不敢、不愿意，你担心别人说你太功利，你担心别人觉得你是要赚别人钱，那你就太爱自己了。如果你是爱世界的，是利他的，你就会这样想：我要帮助更多的人，我要赋能更多的人，我要成就更多的人。时刻保持这样的信念：我的价值值得让更多的人看到，因为对方靠近我，我就可以帮助他、成就他，我能够让他们感受到我的温暖，我能够让同频的人靠近我。如果这样想，你的表达就是利他的，是分享爱的，那么变现就是自然而然的。

持续保持自我经历的正向转化

一个善于表达自己的人，能够将平凡的日常转化为不平凡的经历。在人生的旅途中，我们每个人都是自己故事的编织者，将琐碎的日常编织成一幅幅独特的画卷。生活并非总是一帆风顺，它充满了起伏和波折，正如海浪时而平静，时而汹涌。原生家庭的烙印、投资的失利、创业的艰辛……这些经历，既带给我们挑战，同时也孕育着成长的种子。

在这些坎坷与挫折中，我们学会了坚韧与勇气，发现了自我价值的闪光点。这些闪光点，如同夜空中最亮的星辰，指引我们前行，照亮我们的道路。它们不仅是我们成长的动力，更是我们表达自我、传递正能量的宝贵素材。

当我们回头看已经走过的路程，或许我们会发现，那些曾经让我们难过的瞬间，如今已经成为我们成长的宝贵财富。在回眸的瞬间，也能够明白，困难并非永恒，而是暂时的，当我们学会笑对生活中的不完美和失意时，我们会发现，快乐和满足就在我们身边。

过去，我十分内向，不敢说话，不敢举手发言，不敢与人交流，就是这样的一个内向状态。现在回首，这也是我不断成长的基石。因为我很内向，所以我不断地努力提升，因为我很内向，所以我用演讲改变自我，才能够在舞台上侃侃而谈。过去所有的挫折经历，我们都可以发现美好。因为我从内向状态变成了能够在舞台上侃侃而谈的状态，所以我能够帮助更多的人，因为我改变了，所以我知道如何帮助内向不自信的人去发现自己的优势，去突破自我，然后站在舞台上自信从容地表达自己的优势和故事，这就是从过去的挫折当中去发现美好。

在面对困难时保持平衡和从容，用一颗宽容的心对待自己和他人，接受不完美和失败，同时也要珍惜每一次的成长和进步！在人生的旅途中，我们常常追求执着和坚持，但是有时候我们也需要回眸，洒脱地面对生活的起起落落。

也许未来我们可能会遇到挑战和反馈，既有积极的也有消极的，而关键是要保持开放的心态，从每次互动中学习。

正面反馈可以增强我们的自信心，并鼓励我们继续沿着正确的路径前进。负面反馈，虽然可能会让人感到不舒服，却提供了宝贵的机会来重新评估和调整我们的行为。我们可以将挑战转变为成长的机会。

从创伤中去提炼美好，这份美好能够真正去积累去展望，我们每一个人都是一座宝藏，未来我们都可以在人生的道路上写下绚丽多彩的一笔。每个人的人生都是一场独特的旅程，充满了未知与可能。让我们拥抱这些经历，将它们转化为生命中的宝贵财富，用我们的故事，照亮自己，也照亮他人的美好人生。在这条道路上，我们不仅是经历者，更是创造者，用我们的经历书写着属于自己的传奇。

用魅力演讲成就卓越事业

我们可以通过魅力演讲，在各大平台进行传播，去打造个人品牌以及进行品牌影响力的提升。能够吸引到同频的人向我们靠近，这种吸引不仅使我们的影响力扩大，也能够在彼此间形成一个支持和鼓励的氛围。在这样的环境中，大家相互激励，共同成长，成就美好事业！

用魅力演讲打造企业品牌传播的护城河

品牌需要与时俱进，适应市场变化。演讲可以作为品牌展现创新和适应性的手段，展示品牌如何跟随潮流、应对挑战，从而提升品牌的现代感和活力。

品牌的内涵往往体现了社会文化背景和趋势。通过演讲，品牌能在更广阔的背景下展示其与社会价值的契合点，增强其文化适应性和影响力。一个品牌的内涵通常围绕着其愿景和核心价值观，演讲则为品牌提供了一个展示这些价值观的平台，使其能够传递对社会、环境和消费者的责任感。

以魅力演讲作为品牌有效传播的手段是非常有意义的，有效的演讲能够明确目标受众，确保将品牌信息直接传达给最相关的听众。演讲不仅是单向传播，演讲者还可以通过互动与听众建立更深的情感联系，借此了解客户需求，调整品牌策略，让客户感受到品牌的关注与价值。

品牌和演讲之间的关系密切，演讲不仅是一种传播工具，更是品牌内涵的重要体现。品牌内涵通常蕴含着故事，如创始人经历、使命与愿景等，而演讲是传达这些故事的有效方式。通过生动的演讲，品牌可以与听众建立情感联系，使其更深刻地理解品牌的价值观和文化；可以分享品牌的创始故事或社会责任活动，给听众留下深刻印象。通过演讲能够展示品牌的核心价值观和使命，通过强调品牌的独特卖点，让品牌在同类产品中脱颖而出，如介绍产品的创新技术或优质服务等。演讲中展示的专业性和透明度可以建立消费者对品牌的信任。通过分享真实的案例、数据和见解，品牌可以增强与听众之间的信任感，进而提高客户的忠诚度。

有效的演讲可以让听众感受到品牌的附加价值，提升品牌形象和市场竞争力。通过专业演讲表现品牌在行业中的领先地位，如分享行业趋势、技术创新等，进一步强化品牌的权威性、可靠性和专业性，使潜在客户更愿意选择该品牌。

演讲能够有效地传达品牌的个性和形象。在公共场合的演讲中，演讲者的表达方式、语气和情感都能直接影响听众对品牌的认知。演讲内容在社交媒体上被分享后，不仅扩大了触达范围，还会引发讨论和互动，形成社群效应。鼓励听众将演讲内容转化为个人分享，形成口碑传播，可进一步增强品牌的影响力。

品牌传播不仅依赖于有效的演讲技巧，还包括多种传播渠道的灵活运用。品牌的传播渠道有很多，除了现场演讲，还可以采用视频、线上直播等多种形式，确保信息的多样性与可获取性。通过多个渠道传播，品牌能够触及更大范围的受众，提高品牌的曝光率。社交媒体平台提供了实时反馈机制，使品牌可以迅速进行调整与优化，加强与受众的互动和连接。结合情感联结和专业性的表达，能够在竞争激烈的市场中建立起有效的护城河，实现品牌的持续发展和影响力提升。

品牌不仅是一个产品或服务的象征，更是情感、价值和信任的传递者。演讲作为一种传播方式，在品牌的内涵展示、形象传播和客户关系构建中起着至关重要的作用。通过高质量的演讲，品牌能够更有效地与消费者沟通，构建深入的情感连接，从而形成持久的竞争优势。通过演讲鼓励听众参与互动，比如征询反馈和提问，增强他们对品牌的归属感。通过情感化的讲述，引起听众的共鸣，使品牌形象更加亲切和人性化。强调品牌对顾客的承诺和持续的关怀，有助于建立持久的客户关系，提高忠诚度。

用魅力演讲打造个人品牌

(1) 通过广泛传播提升影响力。

在信息爆炸的时代，个人品牌的力量愈加显著。个人品牌不仅代表着个人的专业形象，更是个人价值和影响力的体现。演讲是打造个人品牌的有效途径。我们可以通过演讲分享知识、经验、见解，帮助听众开阔视野、启发思考。通过演讲，我们可以展现自己的专业优势和个人魅力，吸引志同道合的伙伴共同创造价值。同时，演讲也是个人成长和社会价值实现的重要途径。

个人品牌建设是一个系统工程，涉及个人形象、专业能力、社会影响力等多个方面。演讲作为一种直接、高效的沟通方式，能够帮助我们在不同场合展现自己的专业优势和个人魅力。

比如我们可以通过直播来进行优势传递。直播演讲可以迅速吸引观众的注意力，建立信任感。通过直播演讲，我们可以分享专业知识、生活经验或行业见解，与观众建立情感连接，从而提升个人品牌的知名度和影响力。

我们也可以在短视频中融入演讲元素，使内容更加生动有趣，同时传达更深层次的价值。通过精心设计的演讲，我们可以在短时间内抓住观众的注意力，留下深刻印象。

通过招商路演传递价值。在路演中，演讲能力直接影响到投资者和合作伙伴的决策。一个精彩的演讲能够清晰地传达项目的价值和潜力，吸引投资，推动合作。

通过销售演讲提升业绩价值。销售演讲是个人品牌建设的重要工具，它不仅能够提升你的销售业绩，实现品牌变现，还能够加深公众对你专业能力和个人特质的认知。

无论是在直播、短视频还是招商路演抑或销售中，我们都可以通过演讲来展现自己的专业优势和个人魅力。我们可以塑造独特的个人品牌形象，吸引那些对我们的专业领域和热爱感兴趣的人，建立起自己的粉丝群体。粉丝群体不仅是个人品牌的支持者，也是品牌传播的重要力量。

魅力演讲并非仅仅是语言的交流，而是思想、情感、态度和行为的综合体现。每一次微笑、每一个眼神交流、每一次握手都在无声地传达着我们的个性和品牌。因此，真正的魅力演讲远远超出了言语本身，它涉及我们作为一个完整个体的全面展示。

无论是在社交场合的轻松谈笑，还是在公众演讲中的慷慨激昂，魅力演讲都能够让听众感受到你的独特存在，从而留下深刻的印象。这种印象会随着时间的推移而积累，最终转化为个人品牌的一部分，成为你在他人心中不可磨灭的标志。

(2) 通过知识产品打造个人品牌。

通过演讲，我们可以将自己的专业知识和价值观传递给更广泛的群体，实现个人价值与社会价值的统一。

我们可在公众演讲时把影像记录下来，把自己的演讲片段放在公域网上扩大影响力，也可以把我们演讲的内容变成文字发在微信朋友圈，吸引目标客户向我们靠近。

我们可以把我们的优势和热爱变成知识产品，比如训练营、咨询，这些产品无疑都是以演讲表达为基础的。

通过演讲，通过授课，以及通过知识点的分享，在公域进行传播，公域平台如视频号、小红书、哔哩哔哩、抖音等，通过公域的传播，逐渐吸引越来越多的目标客户和我们产生黏性。

并且可以从公域平台到私域平台实现全链路营销，通过公域平台演讲，再转到私域，也就是微信和社群等，最后通过表达成交。演讲表达从公域的传播到私域的成交，形成一个贯穿始终的有效工具，帮助个人品牌的打造。

我自身通过演讲开始打造个人品牌，开启了线上和线下结合的模式，线下通过线下分享、企业内训实现知识变现，线上持续进行个人品牌的打造，并且开辟了魅力表达私教陪跑计划，帮助了很多人提升表达技巧，并且也帮助他们进行个人品牌的打造：他们变得更加自信，实现了职业跃迁和知识变现、影响力的提升。学员的改变和成长让我备感欣慰。我的学员都给我发来感谢，这就是双向奔赴的快乐！

（3）用销售演讲变现品牌价值。

销售演讲与品牌生态系统的构建。在当今的商业环境中，品牌不再仅仅是一个标志或者一个名字，它构建了一个包含价值观、情感连接和顾客体验的生态系统。销售演讲是这个生态系统中的关键组成部分，它能够将品牌的核心理念转化为听众可以理解和感受的信息。通过演讲，品牌不仅传达了产品的特性，更重要的是传递了品牌的DNA，即那些让品牌与众不同的深层价值观和信念。

销售演讲中的品牌故事策略。叙事是品牌变现的重要工具。一场精心设计的销售演讲，应当围绕一个引人入胜的故事展开，如讲述品牌的起源、挑战、成长和愿景。这个故事应当是独特的，能够触达听众的心灵，并与品牌生态系统中的每一个元素紧密相连。通过品牌故事，品牌可以创造一种文化和情感上的共鸣，这种共鸣超越了简单的交易关系，更是建立了深层次的顾客对品牌的忠诚度。

销售演讲差异化的策略。 在销售演讲中实现品牌差异化,深入挖掘品牌的独特价值主张。不仅仅关注产品的特性,更要关注产品是如何在顾客的生活中创造价值的。演讲者可以通过以下方式实现差异化。

情感连接: 利用情感诉求,让听众感受到品牌的个性和温度。

故事叙述: 通过独特而引人入胜的品牌故事,让听众记住品牌。

价值观传达: 清晰地传达品牌的核心价值观,让听众认同品牌的理念。

互动体验: 在演讲中创造互动环节,让听众成为品牌故事的一部分。

定制化内容: 根据听众的兴趣和需求定制演讲内容,展现品牌对顾客的关注。

销售演讲转化机制的建立。 销售演讲的最终目的是促进转化。为了实现这一目标,演讲者需要在演讲中建立明确的转化机制,这些机制应该与演讲内容紧密相关,让听众在情感上被打动后能够立即采取行动。

数据和反馈的循环助力品牌变现。 成功的品牌变现策略需要不断地学习和适应。收集演讲后的数据和反馈,分析哪些部分产生了共鸣,哪些部分有待改进。这些信息可以用于调整演讲策略,确保每一次的演讲都能更好地与听众连接,更有效地推动品牌价值的提升。

销售演讲不再仅仅是一次简单的销售活动,其已成为品牌生态系统中的关键互动点,能够深化品牌与顾客之间的关系,实现品牌价值的持续增长。

找到高价值的人生方向

破圈与成长

　　一个人的成长和发展是一个持续的过程，将成长自己放在首位，不断学习和探索新的知识、技能和经验，不断打破自己的舒适区。不断发展和提升自己，破圈成长，我们将获得一个更加充实和有意义的人生！

　　成长与发展，是一条永无止境的旅程，它要求我们将自我提升置于生活的中心。在这个过程中，我们不断地学习新知、探索未知的领域、磨砺新技能，勇敢地踏出舒适区的边界。每一次的挑战与尝试，都是对自我极限的一次突破，都是向更广阔世界的一次迈进。

　　当我们置身于一个充满正能量的社交圈，与志同道合的人一起成长，我们的进步将变得更加迅速和显著。在这样的环境中，我们相互激励，共同进步，不断地在知识的海洋中航行，探索着更深层次的自我。

　　正是这样的持续努力和不懈追求，才让我们的生活变得更加丰富多彩，让我们的存在更加有意义。我们不仅在个人层面上实现了蜕变，更在集体中发挥着积极的影响力。随着时间的推移，我们逐渐成为更加卓越的自己，不仅在专业领域内发光发热，也在生活的每一个角落散发着独特的光芒。

　　那么如何不断破圈呢？首先要勇敢地冲破舒适区的藩篱。我们有时会满足于现状，认为"这样的日子就足够了"，在安逸的舒适圈中，我们可能会感到自满，甚至随波逐流。然而，一旦我们决心突破这个界限，恐惧感便会随之而来——这是成长之路上不可避免的挑战。

　　面对恐惧，缺乏自信的人可能会寻找借口，轻易放弃，或者过分依赖他人的意见。为了克服这些障碍，我们必须不断学习，拓宽视野，改变社交环境，寻找那些能够激励我们成长的优质圈子。在这样的环境中，我们能够勇敢地面对挑战和困难，掌握新的技能，从而拓展我们的舒适区，开启新的可能性。

当我们从舒适区跨越到恐惧区时，可能会感到不自信，能量似乎也在减弱。这时，持续的学习显得尤为重要，它能够让我们变得更加强大。最终，在成长的过程中，我们会找到自己的目标，明确自己未来的方向，知道应该做什么，以及如何实现这些目标。这就是不断突破自我，不断破圈的旅程。

让我们以坚定的步伐，勇敢地走出舒适区，迎接每一个挑战，不断学习，不断成长。因为每一次突破，都是我们通往更广阔世界的关键一步，都是我们成为更好自己的必经之路。

我们每一个人都有无限的潜能，关键在于是不是有勇气迈开那坚定的一步。当不断破圈的时候，离梦想就更近了一步。

所以我们要不断破圈，不断地成长。

有些人经常抱怨说我命不好，有些人抱怨说我运气太差，有些人抱怨说我就这样了，我生在贫穷的家庭。所有的情绪和逃避，永远改变不了命运！

可悲的人可以找出 100 个理由来证明他是对的，却找不到一个理由是他需要改变，敢比会更重要！

永远不要有情绪和逃避，而要真正地敢于破圈，敢于改变。我曾是一个非常内向的小女孩，当时很少人看好我，但是我不断破圈，不断成长，我改变了自己，能够在千人的舞台上呈现自己。当我呈现自己价值的时候，很多同频的伙伴来到我的身边，他们也变得更好，变得更自信，他们也能够成就更高版本的人生。

这个世界上最可怕的是什么？是明明可以用短时间去改变自己，却用一生的时间去忍耐痛苦。只要你决心改变，那么当下即是最好的时刻。

不断实践，促进个人成长和自我实现

准备和实施演讲的过程是一个不断学习和自我完善的过程。我们应该利用每一个机会进行实践，无论是工作中的汇报，还是社交场合的小型演讲，抑或大的场合的演讲，都是实践的过程。

我们可以通过各种形式的演讲传播影响力！通过参与各种演讲，提高自己在行业内外的知名度，使更多人了解你的专业能力及品牌故事。

通过魅力演讲展示个人的专业知识和洞察力，逐步建立起个人在特定领域的权威地位。此外，我们还应该学会从每次演讲中反思和总结经验教训，以便不断进步。

通过魅力演讲展示，可以促进与听众的情感连接，建立更深厚的人际关系，可以接触到更多的同行、潜在合作伙伴和客户。这些新的联系有可能转化为未来的职业机会或合作。

演讲状态不是一成不变的，我们需要随着环境和情境的变化而不断地学习和适应。无论是通过阅读、参加工作坊还是观察生活中的榜样，我们都有机会不断提高自己的演讲技巧。通过在不同的社交场合尝试不同的表达方式，我们可以发现自己的独特风格，并学会根据特定听众调整我们的方法。这种持续的学习过程使我们能够保持个人的新鲜感和魅力的现代感。

在全球化和数字化的浪潮中，人与人之间的联系更加紧密，在这样的环境下，魅力演讲成了连接真实世界和虚拟世界的桥梁。在数字化时代，社交媒体成了一个新的魅力演讲舞台。通过社交媒体、网络直播等平台，我们可以触及更广泛的受众，传递价值观和理念。

所以，在这个多元化的社会中，通过魅力演讲让自我实现不断成长和自我精进，建立起更广泛的社交网络，连接不同的背景和观点，能够促进更深层次的交流与合作。

爱自己，内修心，外修行

王尔德曾经说过一句话：爱自己，是终生浪漫的开始。把自己变得愈加美丽，则是平淡生活中最大的浪漫。每一个人都希望变得更有魅力，前提是爱自己。

当你爱自己了，你会从心底里认可自己，当你认可自己了，你就会逐渐拥有自信的心态，你就愿意去表达自己，愿意去呈现高价值自己，从而由内而外呈现出一种自信的气质。你就会变得美丽和绽放！

魅力演讲不仅仅是拥有魅力的思维、魅力的内容、魅力的声音、魅力的呈现，最后还要成就我们魅力的人生，而这种魅力的人生，它是一种活法，是能够让你自信绽放地去呈现自己的一个活法。

做真实的自己，由内而外呈现自己，成就魅力人生。一个人的高价值呈现，不仅是让你获得认可，更是让我们自身拥有坚实的底气。

真心希望，在未来有更多的人能够更好地呈现高价值版本的自己，能够成为魅力绽放的自己。

结语

在这个多元化的时代，演讲已成为一种不可或缺的社交货币。它不仅仅是外表的吸引力，更是内在气质、智慧和情感的综合体现。演讲，作为展现个人魅力的重要途径，对于塑造一个充满魅力的人生扮演着至关重要的角色。演讲能够为个人或企业带来深远的影响，并在未来开辟无限可能。

随着全球化的加深和技术的快速发展，能够有效表达的人才将越来越受到重视。一个具备出色演讲能力的人能够清晰、自信并有感染力地传达信息，这些特质在职场和商界都是至关重要的。

在职场中，魅力演讲能够帮助我们建立专业形象，赢得同事和上司的支持；在商场中，魅力演讲能够给我们树立影响力，提供护城河；在生活中，魅力演讲能够帮助我们加深友谊，增进亲密关系。

演讲能力不仅能够帮助个人在职场和创业中脱颖而出，还能够促进组织的合作，推动创新和变革。

在多元化的工作环境中，能够有效演讲的人可以在不同的文化背景中架起沟通的桥梁。此外，随着社交媒体和网络平台的快速发展，演讲的形式和渠道也变得更加多样化。魅力演讲能够成就魅力人生，原因在于它不仅是一种沟通技能，更是一种个人影响力的展现。魅力演讲是打开机会之门、塑造个人形象、增强社会影响力的重要工具。

因此，未来的社会将更加青睐能够清晰、自信并有说服力地表达自己想法和故事的人。

同时，让我们保持向上的心态，成为更好的自己。

积极乐观：乐观的态度能够让人更加积极地面对生活中的挑战和困难。乐观的人，往往能够向周围的人传递快乐和正能量，从而吸引更多积极的人和事物进入自己的生活。积极乐观的态度也有助于改善人际关系，增强个人的魅力和吸引力，让自己更容易获得他人的支持和帮助。即使面临挫折和困难，乐观的态度也能够找到解决问题的积极方式，相信一切都会好起来！

乐于分享：乐于分享可以帮助他人了解你的思想、才华和经验，也有助于建立更加广泛的社交网络和人脉。通过分享自己的见解和知识，可以吸引志同道合的人与你交流互动，共同成长和进步。同时，通过分享你的才华和技能，不仅能够展示你的价值和特长，也可能为你带来更多合作机会和发展空间。乐于分享还能够激励他人分享他们的想法和经验，促进交流和合作，实现个人和共同的发展目标。

不断精进：持续学习和提升自己的能力是实现个人成长和成功的关键。不断精进意味着不满足于现状，不断追求进步和完善。通过不断学习新知识、培养新技能，完善自我，可以提高自己在工作和生活中的竞争力和适应能力。同时，不断精进也有助于保持对事业和生活的热情和动力，更好地应对挑战和变化。只有不断提升自己，才能不断超越自己，实现更大的成就和突破。

对他人有用：帮助他人解决问题和实现梦想，可以为自己赢得尊重和认可，也可以获得他人的支持和帮助。成为一个对他人有用的人，意味着不仅关注自己的利益和发展，也愿意为他人的利益着想，乐意伸出援手。通过帮助他人解决问题，建立信任和友谊关系，可以扩大自己的影响力和社交圈，也有助于建立良好的人际关系，实现个人和共同的目标。

爱自己：爱自己意味着珍惜自己的生命和时间，认可自己的价值和独特性，关爱自己的身心健康和幸福感。只有真正爱自己，才能拥有健康积极的生活态度，拥有信心和勇气去面对生活中的挑战和变化。爱自己也包括对自己的要求和期待，不断追求更好的自己，实现个人的成长和价值，让自己活得更加充实和有意义。爱自己也会吸引他人对你产生好感和尊重，建立健康和积极的人际关系，让自己在生活中散发出更加独特和吸引人的魅力。

"演讲是一门艺术，也是一种力量。"让我们向阳而生，用语言去影响他人，在人生这个不断演变的舞台上成为优秀的魅力演讲者！去实现梦想和魅力人生！

> **行动计划：**
> - 不断学习和实践。
> - 用演讲助力你的品牌传播。